Workbook | Video Manual | L

FOURTH EDITION

PANORAMA

Introducción a la lengua española

BLANCO | DONLEY

VISTA
HIGHER LEARNING

Boston, Massachusetts

Copyright © 2013 by Vista Higher Learning.

All rights reserved. Printed in Colombia.

No part of this work may be reproduced or distributed in any form or by any means, electronic or mechanical, including photocopying and recording, or by any information storage or retrieval system without prior written permission from Vista Higher Learning, 31 St. James Avenue, Boston, MA 02116-4104.

ISBN: 978-1-61767-712-0

2 3 4 5 6 7 8 9 PC 16 15 14 13 12

Table of Contents

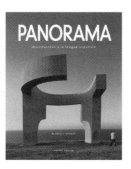

contextos

1 1. Me llamo Pepe. 2. Nada. 3. Soy de Argentina. 4. Nos vemos. 5. Muy bien, gracias. 6. El gusto es mío. 7. Encantada. 8. De nada.

2 1. está 2. usted 3. Muy 4. cómo 5. Le 6. gusto 7. es 8. mío 9. eres 10. Soy 11. de 12. Hasta 13. vemos 14. Adiós/Chau

3 1. Qué 2. Hasta 3. Mucho 4. presento 5. Cómo 6. Buenos 7. gusto 8. vemos **Saludos:** ¿Qué pasa?, ¿Cómo estás?, Buenos días. **Despedidas:** Hasta luego., Nos vemos. **Presentaciones:** Mucho gusto., Te presento a Irene., El gusto es mío.

4 1. los Estados Unidos 2. Puerto Rico 3. México

5 1. Buenos días. 2. Regular. 3. Washington 4. Muchas gracias. 5. ¿De dónde eres? 6. Chau.

estructura

1.1 Nouns and articles

1 **Masculino:** el hombre, el pasajero, el chico, el profesor **Femenino:** la profesora, la mujer, la pasajera, la chica, la conductora

2 1. el 2. la 3. los 4. el 5. las 6. la 7. el 8. el 9. las 10. los

3 1. una fotografía 2. unos días 3. unos cuadernos 4. un pasajero 5. unas computadoras 6. una escuela 7. un video 8. unos programas 9. un autobús 10. unas palabras

4 1. los turistas, unos turistas/los hombres y las mujeres, unos hombres y unas mujeres 2. la foto, una foto 3. el hombre, un hombre/el pasajero, un pasajero 4. las maletas, unas maletas

1.2 Numbers 0–30

1 **Horizontales** 1. veinticinco 4. once 7. dieciséis 10. cuatro 11. trece **Verticales** 1. veintidós 2. nueve 3. cero 5. veinte 6. diez 8. siete 9. ocho

2 1. ¿Cuántos diccionarios hay? Hay tres diccionarios. 2. ¿Cuántos estudiantes hay? Hay doce estudiantes. 3. ¿Cuántos lápices hay? Hay diez lápices. 4. ¿Cuántas maletas hay? Hay siete maletas. 5. ¿Cuántas palabras hay? Hay veinticinco palabras. 6. ¿Cuántos países hay? Hay veintiún países. 7. ¿Cuántas escuelas hay? Hay trece escuelas. 8. ¿Cuántos pasajeros hay? Hay dieciocho pasajeros. 9. ¿Cuántas computadoras hay? Hay quince computadoras. 10. ¿Cuántas fotografías hay? Hay veintisiete fotografías.

1.3 Present tense of *ser*

1 2. ustedes, ellas 3. ustedes, ellos 4. usted, ella 5. tú, él 6. usted, él 7. ustedes, ellas 8. usted, él 9. ustedes, ellos 10. usted, ella

2 1. son estudiantes. 2. es de Puerto Rico. 3. son conductores. 4. eres turista. 5. somos de México. 6. soy profesor(a). 7. es de España. 8. son pasajeras.

3 1. soy 2. son 3. son 4. somos 5. es 6. es 7. es 8. es 9. son 10. es 11. somos 12. eres 13. es 14. son

4 1. Es el diccionario del estudiante. 2. Son los cuadernos de las chicas. 3. Es la mano de Sara. 4. Son las maletas de la turista. 5. Son las computadoras de los profesores. 6. Es el autobús del conductor. 7. Son los lápices de la joven. 8. Es la fotografía de los chicos. 9. Es la computadora de la directora. 10. Es el país de David.

5 1. Lina y María son de Colombia. 2. El profesor es de México. 3. Tú y los jóvenes son de Argentina. 4. Las estudiantes son de (los) Estados Unidos. 5. Ellos son de Canadá. 6. La mujer es de Puerto Rico. 7. Los turistas son de España. 8. Él y yo somos de Chile. 9. Nosotras somos de Cuba. 10. Usted es de Venezuela.

6 1. ¿De quién son los lápices? 2. ¿De dónde es Daniela? 3. ¿Qué es? 4. ¿Quiénes son ellas?

1.4 Telling time

1 1. Son las cinco menos cuarto/quince. 2. Son las doce y siete. 3. Son las ocho menos dos. 4. Son las dos y cuarto/quince. 5. Son las seis y media/treinta. 6. Es la una y veinte.

2 1. Son las cuatro menos veinte de la tarde. 2. Son las seis (en punto) de la mañana. 3. Son las nueve y cuarto/quince de la noche. 4. Son las doce de la noche/Es la medianoche. 5. Es la una y diez de la tarde. 6. Son las once menos cuarto/quince de la mañana. 7. Son las cinco y cinco de la tarde. 8. Son las doce menos diez de la noche. 9. Es la una y media/treinta de la mañana. 10. Son las diez (en punto) de la noche.

3 1. La clase de biología es a las nueve menos cuarto/quince de la mañana. 2. La clase de cálculo es a las once (en punto) de la mañana. 3. El almuerzo es al mediodía/a las doce del día. 4. La clase de literatura es a las dos (en punto) de la tarde. 5. La clase de yoga es a las cuatro y cuarto/quince de la tarde. 6. El programa especial es a las diez y media/treinta de la noche.

síntesis

Answers will vary.

panorama

1 1. Cierto. 2. Falso. Hay más hispanos en Texas que en Illinois. 3. Cierto. 4. Cierto. 5. Falso. Muchos hispanos en Canadá hablan una de las lenguas oficiales: inglés o francés. 6. Falso. Hoy, uno de cada cinco niños en los Estados Unidos es de origen hispano. 7. Falso. Los tacos, las enchiladas y las quesadillas son platos mexicanos. 8. Cierto. 9. Falso. Un barrio cubanoamericano importante de Miami se llama la Pequeña Habana. 10. Cierto.

2 1. niños 2. participan 3. parte 4. salsa, merengue 5. popular

3 1. California; trece 2. Texas; nueve 3. Illinois; dos 4. Nueva York; tres 5. Florida; cuatro

4 1. puertorriqueño 2. mexicano 3. cubano 4. mexicano/estadounidense 5. mexicano

Workbook

contextos

1 1. cafetería 2. geografía 3. materias 4. laboratorio 5. ciencias 6. clase

2 **Horizontal:** física, español, economía, arte, prueba, clase, ciencias, periodismo, horario, humanidades
Vertical: sociología, examen, tarea, química, biología, inglés

3 1. El 21 de marzo es martes./Es martes. 2. El 7 de abril es viernes./Es viernes. 3. El 2 de marzo es jueves./
Es jueves. 4. El 28 de marzo es martes./Es martes. 5. El 19 de abril es miércoles./Es miércoles.
6. El 12 de marzo es domingo./Es domingo. 7. El 3 de abril es lunes./Es lunes. 8. El 22 de abril es sábado./
Es sábado. 9. El 31 de marzo es viernes./Es viernes. 10. El 9 de abril es domingo./Es domingo.

4 1. ciencias 2. horario 3. examen 4. arte 5. matemáticas 6. laboratorio 7. biblioteca 8. geografía

estructura

2.1 Present tense of *-ar* verbs

1 1. canto, cantas, canta, cantamos, cantan
2. preguntar, preguntas, pregunta, preguntamos,
preguntan 3. contestar, contesto, contesta,
contestamos, contestan 4. practicar, practico,
practicas, practicamos, practican 5. desear,
deseo, deseas, desea, desean 6. llevar, llevo,
llevas, lleva, llevamos

2 1. viajan 2. hablamos 3. llegan 4. dibujo
5. compra 6. regresan 7. termina 8. buscas

3 1. regresamos 2. toman 3. esperan
4. conversas 5. trabaja 6. busco 7. compran
8. enseña

4 1. Una estudiante desea hablar con su profesora de
biología. 2. Mateo desayuna en la cafetería de la
universidad. 3. (A mí) Me gusta cantar y bailar.
4. Los profesores contestan las preguntas de los
estudiantes. 5. ¿(A ti) Te gusta la clase de música?
6. (Nosotros) Esperamos viajar a Madrid. 7. (Yo)
Necesito practicar los verbos en español. 8. (A mí)
No me gustan los exámenes.

5 1. Sí, estudio ciencias en la universidad./No, no
estudio ciencias en la universidad. 2. Sí,
converso mucho con los compañeros de clase./
No, no converso mucho con los compañeros de
clase. 3. Sí, espero estudiar administración de
empresas./No, no espero estudiar administración
de empresas. 4. Sí, necesito descansar después
de los exámenes./No, no necesito descansar
después de los exámenes. 5. Sí, compro los
libros en la librería./No, no compro los libros en
la librería. 6. Sí, me gusta viajar./No, no me
gusta viajar.

2.2 Forming questions in Spanish

1 1. ¿Son ustedes de Puerto Rico?/¿Son de Puerto
Rico ustedes? 2. ¿Dibuja el estudiante un
mapa?/¿Dibuja un mapa el estudiante?
3. ¿Llegan en autobús los turistas?/¿Llegan los
turistas en autobús? 4. ¿Termina la clase a las
dos de la tarde?/¿Termina a las dos de la tarde
la clase? 5. ¿Trabaja Samuel en la biblioteca?/
¿Trabaja en la biblioteca Samuel? 6. ¿Miran los
chicos un programa?/¿Miran un programa los
chicos? 7. ¿Enseña el profesor Miranda la clase
de humanidades?/¿Enseña la clase de
humanidades el profesor Miranda? 8. ¿Compra
Isabel cinco libros de historia?/¿Compra cinco
libros de historia Isabel? 9. ¿Preparan Mariana
y Javier la tarea?/¿Preparan la tarea Mariana y
Javier? 10. ¿Conversan ellas en la cafetería de
la universidad?/¿Conversan en la cafetería de la
universidad ellas?

2 1. ¿Adónde caminan ellos? 2. ¿De dónde es el
profesor de español? 3. ¿Cuántos estudiantes
hay en la clase? 4. ¿Quién es el compañero de
cuarto de Jaime? 5. ¿Dónde es la clase de física?
6. ¿Qué lleva Julia? 7. ¿Cuándo termina el
programa de televisión? 8. ¿Por qué estudias/
estudia biología?

3 1. ¿Canta Mariana en el coro de la universidad?;
¿Canta en el coro de la universidad Mariana?;
Mariana canta en el coro de la universidad,
¿no?/¿verdad? 2. ¿Carlos busca el libro de arte?;
¿Busca el libro de arte Carlos?; ¿Busca Carlos el
libro de arte?; Carlos busca el libro de arte,
¿verdad?/¿no? 3. ¿La profesora Gutiérrez
enseña contabilidad?; ¿Enseña la profesora

Gutiérrez contabilidad?; ¿Enseña contabilidad la profesora Gutiérrez?; La profesora Gutiérrez enseña contabilidad, ¿no?/¿verdad? 4. ¿Necesitan ustedes hablar con el profesor de economía?; ¿Necesitan hablar con el profesor de economía ustedes?; Ustedes necesitan hablar con el profesor de economía, ¿no?/¿verdad?

4 1. Dónde 2. Cuándo 3. De dónde 4. Cuántos
5. Adónde 6. Qué 7. Por qué 8. Quién

2.3 Present tense of *estar*

1 1. Cristina y Bruno están en el estadio. 2. La profesora y el estudiante están en la clase.
3. La puerta está al lado de/a la derecha de/cerca de la ventana/en la casa. 4. La mochila está debajo de/cerca de la pizarra/en la clase. 5. El pasajero está en el autobús. 6. José Miguel está en el laboratorio.

2 1. Los libros están cerca del escritorio.
2. Ustedes están al lado de la puerta. 3. La calculadora está entre las computadoras. 4. Los lápices están sobre el cuaderno. 5. El estadio está lejos de las residencias. 6. Las mochilas están debajo de la mesa. 7. Tú estás en la clase de psicología. 8. El reloj está a la derecha de la ventana. 9. Rita está a la izquierda de Julio.

3 1. está 2. están 3. son 4. es 5. Son 6. estamos

4 1. Estás 2. estoy 3. está 4. está 5. está 6. está
7. están

5 1. estás 2. es 3. eres 4. Soy 5. eres 6. Soy
7. está 8. Está 9. es 10. Es 11. es 12. Son
13. está 14. está

2.4 Numbers 31 and higher

1 1. siete, setenta y seis, setenta y siete, noventa y nueve 2. cinco, cuarenta y tres, treinta y uno, sesenta y dos 3. cuatro, ochenta y tres, cuarenta y siete, cuarenta y cinco 4. tres, cincuenta y dos, cincuenta, setenta y tres 5. ocho, ochenta y ocho, setenta y cinco, cuarenta 6. cinco, sesenta y seis, treinta y ocho, cincuenta y siete

2 1. Hay sesenta y seis mapas. 2. Hay treinta y una mochilas. 3. Hay cuarenta y tres diccionarios. 4. Hay doscientos setenta y seis cuadernos. 5. Hay ciento veinticinco plumas.
6. Hay trescientos veinte libros.

3 1. veinticinco mil 2. cuarenta y cuatro
3. trescientos cincuenta 4. diez mil quinientos
5. ciento veintiséis 6. mil cuatrocientas treinta y dos

4 1. treinta y cinco 2. cuarenta y tres 3. sesenta y cinco 4. ochenta y dos 5. cuarenta y siete
6. cincuenta y tres

síntesis

Answers will vary.

panorama

1 1. Madrid 2. Sevilla 3. Barcelona 4. Buñol
5. Barcelona

2 1. Cierto. 2. Cierto. 3. Falso. La moneda de España es el euro. 4. Cierto. 5. Falso. La Tomatina es un festival donde se tiran tomates./ La paella es uno de los platos más deliciosos de España. 6. Cierto.

3 1. Mar Cantábrico 2. Pirineos 3. Barcelona
4. Madrid 5. Valencia 6. Sevilla 7. Estrecho de Gibraltar 8. Mar Mediterráneo

4 1. corredor de autos 2. escritora y periodista
3. director de cine 4. escritor 5. actriz 6. pintor

5 1. Baleares 2. idiomas 3. restaurantes 4. Prado
5. Goya 6. *Las meninas* **Aeropuerto:** Barajas

6 1. la paella 2. el baile flamenco/el flamenco/la bailarina de flamenco 3. la Sagrada Familia

contextos

1 1. Juan Carlos y Sofía son los abuelos de Pilar. 2. Pilar es la hija de Ana María y Luis Miguel. 3. Eduardo es el esposo de Raquel. 4. José Antonio y Ramón son los hermanos de Concha. 5. Raquel es la tía de Pilar. 6. Concha, José Antonio y Ramón son los primos de Pilar. 7. Ana María es la cuñada de Raquel. 8. Joaquín es el yerno de Ana María y Luis Miguel.

2 1. hijastra 2. nieto 3. artista 4. novio 5. tíos 6. amiga

3 **Horizontales:** 3. sobrino 4. madrastra 6. nieto 7. cuñado 8. programador 10. abuela 11. familia 12. hermanastro 15. médico 16. hijos 17. gente 18. hijastra **Verticales:** 1. periodista 2. amigos 4. muchachos 5. yerno 8. primo 9. parientes 13. artistas 14. tío

estructura

3.1 Descriptive adjectives

1 1. La profesora de historia es alta. 2. David y Simón son guapos. 3. El artista es simpático. 4. Esas muchachas son delgadas. 5. El abuelo de Alberto es viejo. 6. La programadora es trabajadora.

2 1. buenos 2. alto, guapo 3. bajas, delgadas 4. morenos, pelirroja 5. inteligentes, trabajadoras 6. simpáticos, tontos

3 1. No, es simpático. 2. No, son rubias. 3. No, es guapa/bonita. 4. No, son jóvenes. 5. No, son buenos. 6. No, es feo.

4 1. Lucy y Lee Hung son de Pekín. Son chinos. 2. Pierre y Marie Lebrun son de Montreal. Son canadienses. 3. Luigi Mazzini es de Roma. Es italiano. 4. Elizabeth Mitchell es de Londres. Es inglesa. 5. Roberto Morales es de Madrid. Es español. 6. Andrés y Patricia Padilla son de La Habana. Son cubanos. 7. Paula y Cecilia Robles son de San José. Son costarricenses. 8. Arnold Schmidt es de Berlín. Es alemán. 9. Antoinette y Marie Valois son de París. Son francesas. 10. Marta Zedillo es de Guadalajara. Es mexicana.

5 1. buena 2. buen 3. buena 4. buenos 5. mala 6. mal 7. mala 8. malas 9. gran 10. grandes 11. grande 12. gran

3.2 Possessive adjectives

1 1. Sí, es su calculadora. 2. Sí, es tu clase de español. 3. Sí, son sus papeles. 4. Sí, es su diccionario. 5. Sí, es mi novia. 6. Sí, son nuestros lápices.

2 1. Mi 2. Sus 3. tu 4. Nuestros 5. su 6. mis 7. su 8. Nuestra

3 1. ¿Cuál es el problema de ella? 2. Trabajamos con la madre de ellos. 3. ¿Dónde están los papeles de ustedes? 4. ¿Son las plumas de ella? 5. ¿Quiénes son los compañeros de cuarto de él? 6. ¿Cómo se llaman los sobrinos de usted?

4 1. Son sus sillas. 2. Es tu mochila. 3. Es nuestra mesa. 4. Es mi maleta. 5. Son sus lápices. 6. Es su calculadora.

5 1. mis 2. mi/nuestro 3. mi/nuestra 4. Sus 5. mi/nuestro 6. mi/nuestro 7. Su 8. su 9. sus 10. mis/nuestros 11. nuestros 12. mi/nuestra 13. nuestros 14. nuestros 15. tu

6 1. Mi padre es alto y moreno. 2. Tus/Sus papeles están en el escritorio. 3. Su escuela es pequeña y vieja. 4. Nuestros amigos son puertorriqueños. 5. Tu tarea está en la mesa. 6. Sus hermanos son simpáticos.

3.3 Present tense of -er and -ir verbs

1 1. lees 2. Leo 3. viven 4. vivimos 5. comen 6. como, come 7. debemos 8. deben 9. Escribes 10. escribo

2 1. (Nosotros) Escribimos muchas composiciones en la clase de literatura. 2. Esteban y Luisa aprenden a bailar el tango. 3. ¿Quién no comprende la lección de hoy? 4. (Tú) Debes comprar un mapa de Quito. 5. Ellos no reciben muchos mensajes electrónicos de sus padres. 6. (Yo) Busco unas fotos de mis primos.

3 1. corres 2. asisto 3. Aprende 4. comprendo 5. comen 6. leemos

4 1. Ellos creen que la lección 3 es fácil. 2. Mi tía aprende alemán en la universidad. 3. Aprendo a hablar, leer y escribir en la clase de español. 4. Escribes en tu diario todos los días. 5. Víctor comparte sus problemas con sus padres. 6. Vivimos en una residencia interesante y bonita.

5 1. comemos en la cafetería/la mesa. 2. abro una/ la ventana. 3. lee un libro. 4. aprenden a dibujar.

3.4 Present tense of *tener* and *venir*

1 1. vienen 2. Vienes 3. tenemos 4. viene 5. tengo, tiene 6. Tienen 7. tienen 8. viene, vengo 9. venimos 10. tienes 11. tengo 12. vienen

2 1. Los estudiantes tienen miedo de tomar el examen de química. 2. Las turistas tienen prisa por llegar al autobús. 3. Mi madre tiene razón siempre. 4. Vienes a la cafetería cuando tienes hambre. 5. Tengo frío en la biblioteca porque abren las ventanas. 6. Rosaura y María tienen ganas de mirar la televisión. 7. Nosotras tenemos cuidado con el sol. 8. David toma mucha agua cuando tiene sed.

3 1. tienen miedo 2. tener cuidado 3. tengo que 4. tenemos ganas 5. tiene razón 6. tienes (mucha) suerte

---

síntesis

Answers will vary.

---

panorama

1 1. Falso. El Ecuador tiene aproximadamente el área de Colorado. 2. Falso. Colombia y Perú limitan con el Ecuador. 3. Cierto. 4. Cierto. 5. Falso. Aproximadamente 4.000.000 de ecuatorianos hablan lenguas indígenas. 6. Falso. Rosalía Arteaga es abogada, política y ex vicepresidenta. 7. Cierto. 8. Falso. Oswaldo Guayasamín fue un muralista y escultor ecuatoriano famoso.

2 1. Río Esmeraldas 2. Quito 3. Portoviejo 4. Cordillera de los Andes 5. Guayaquil 6. Cuenca 7. Colombia 8. Río Napo 9. Volcán Cotopaxi 10. Perú

3 1. ciudad de Quito y Cordillera de los Andes 2. volcán Cotopaxi 3. catedral de Guayaquil

4 Answers will vary. Suggested answers: 1. La moneda del Ecuador se llama dólar. 2. Los ecuatorianos hablan español, quichua y otras lenguas indígenas. 3. Las islas Galápagos son un verdadero tesoro ecológico porque sus plantas y animales son únicos. 4. Muchos turistas vienen para visitar las islas Galápagos. 5. El estilo artístico de Guayasamín es expresivo. 6. La Mitad del Mundo es un monumento y es un destino turístico muy popular. 7. Puedes hacer *trekking* y escalar montañas. 8. Las tortugas gigantes viven en las islas Galápagos.

---

repaso lecciones 1–3

1 1. son 2. está 3. son 4. Soy, estás 5. está 6. está

2 **Carmen:** médica, cincuenta y uno, cubana **Gloria:** artista, treinta y dos **David:** conductor, cuarenta y cinco, canadiense **Ana:** treinta y siete, española

3 1. ¿Cómo está usted, señora Rodríguez? 2. El/La estudiante llega a la gran biblioteca a las cinco y media/treinta de la tarde. 3. Hay quince cuadernos sobre el escritorio. 4. El nieto de Inés aprende español en la escuela. 5. La conductora del autobús no es antipática. 6. El abuelo de Lisa tiene setenta y dos años.

4 1. La clase de contabilidad es a las doce menos cuarto/quince de la mañana. ¿Es a las doce menos cuarto/quince de la mañana la clase de contabilidad?/¿Es la clase contabilidad a las doce menos cuarto/quince de la mañana? 2. Su tía favorita tiene treinta y cinco años. ¿Tiene treinta y cinco años su tía favorita?/¿Tiene su tía favorita treinta y cinco años? 3. Tu profesor de biología es de México. ¿Es de México tu profesor de biología?/¿Es tu profesor de biología de México? 4. La biblioteca está cerca de la residencia estudiantil. ¿Está cerca de la residencia estudiantil la biblioteca?/¿Está la biblioteca cerca de la residencia estudiantil?

5 1. Pequeña Habana 2. mexicano 3. España 4. quichua

6 Answers will vary.

---

contextos

1 1. el tenis 2. la natación 3. el golf 4. el ciclismo 5. el esquí 6. el fútbol americano

2 1. trabajar 2. descansar 3. películas 4. museo 5. tenis 6. deportivo

3 **Deportes:** baloncesto, béisbol, fútbol, natación; **Lugares:** centro, gimnasio, montaña, restaurante; **Actividades:** andar en patineta, jugar un videojuego, leer una revista, pasear

4 1. el periódico 2. deportes 3. la piscina 4. el gimnasio 5. la ciudad 6. un restaurante 7. el partido 8. el cine

estructura

4.1 Present tense of *ir*

1 1. Vamos 2. vamos 3. van 4. voy 5. voy 6. voy 7. vamos 8. voy 9. va 10. va 11. vamos

2 1. Marissa y Felipe van a pasear por la ciudad. 2. Los chicos van a correr por la noche. 3. Van/Vamos al Bosque de Chapultepec a las dos y media. 4. Van/Vamos a ir a la playa el martes. 5. Jimena va a leer un libro. 6. Felipe va a jugar al fútbol.

3 1. vas 2. Voy 3. ir 4. Voy 5. vas 6. vamos 7. ir 8. van 9. Vamos 10. va 11. van 12. vamos 13. ir 14. Voy

4 Answers will vary.

4.2 Stem-changing verbs: *e→ie, o→ue*

1 1. Vicente y Francisco juegan al vóleibol los domingos. 2. Adela y yo empezamos a tomar clases de tenis. 3. Ustedes vuelven de Cancún el viernes. 4. Los jugadores de béisbol recuerdan el partido importante. 5. La profesora muestra las palabras del vocabulario. 6. Adán prefiere escalar la montaña de noche. 7. Entiendo el plan de estudios. 8. Cierras los libros y te vas a dormir.

2 1. Puedo 2. puedes 3. pensamos 4. quiero 5. Pueden 6. volvemos 7. preferimos 8. piensan 9. pienso

3 1. No, no queremos patinar en línea con ustedes. 2. No, (ellas) no recuerdan los libros que necesitan. 3. No, no prefiero jugar al fútbol a nadar en la piscina. 4. No, (mis sobrinos) no duermen en casa de mi abuela. 5. No, no jugamos al baloncesto en la universidad. 6. No, no pienso que la clase de química orgánica es difícil. 7. No, no encuentro el programa de computadoras en la librería. 8. No, no volvemos a casa los fines de semana. 9. No, no puedes tomar el autobús a las once de la noche. 10. No, no entienden/entendemos la tarea de psicología.

4 1. empiezan 2. dormimos 3. entiendes 4. pienso 5. vuelvo 6. prefiero 7. Quiero 8. podemos 9. jugamos

4.3 Stem-changing verbs: *e→i*

1 1. piden 2. dicen 3. pedimos 4. conseguimos 5. repito 6. siguen

2 1. pides 2. Pido 3. consiguen 4. conseguimos 5. repite 6. repito 7. siguen 8. sigue, sigue

3 Answers will vary.

4 Answers will vary. Suggested answers: 1. Ellos deciden ir al cine. 2. Siguen la recomendación de un crítico. 3. Ellos quieren conseguir entradas para estudiantes porque son más baratas./Porque son más baratas. 4. Pueden conseguir entradas para estudiantes antes de las seis de la tarde en la oficina de la escuela./Pueden conseguir entradas para estudiantes en la oficina de la escuela antes de las seis de la tarde. 5. Cuando llegan a la oficina de la escuela, la oficina está cerrada./La oficina está cerrada./La oficina está cerrada y la secretaria está afuera. 6. Le piden las entradas a la secretaria. Creo que ellos sí consiguen las entradas.

5 Answers will vary.

4.4 Verbs with irregular *yo* forms

1 1. Oigo 2. Pongo 3. Hago 4. Traigo 5. Veo
6. Salgo 7. Supongo 8. Traigo

2 1. Salgo 2. traigo 3. Supongo 4. oigo 5. hago
6. veo

3 Answers will vary.

4 Hago mis tareas todas las tardes y salgo por las noches a bailar o a comer en un restaurante cerca de la universidad. Los fines de semana, voy a mi casa a descansar, pero traigo mis libros. En los ratos libres, oigo música o veo una película en el cine. Si hay un partido de fútbol, pongo la televisión y veo los partidos con mi papá. Hago algo de comer y pongo la mesa.

síntesis

Answers will vary.

panorama

1 1. emigración 2. Día de Muertos
3. Guadalajara 4. Benito Juárez 5. Yucatán
6. turistas 7. Frida Kahlo 8. Durango

2 1. Falso. El área de México es casi tres veces el área de Texas. 2. Falso. Octavio Paz era un célebre poeta mexicano. 3. Cierto. 4. Falso. Hay mucho crecimiento de la población del D.F./El crecimiento de la población es de los más altos del mundo. 5. Falso. Frida Kahlo y Diego Rivera eran pintores. 6. Cierto. 7. Falso. Los turistas van al D.F. a ver las ruinas de Tenochtitlán. 8. Cierto.

3 1. sur 2. más de 30 millones 3. náhuatl, otras
4. Diego Rivera 5. azteca 6. cementerios

4 1. La tercera ciudad de México en población es Monterrey. 2. La moneda mexicana es el peso mexicano. 3. El Distrito Federal atrae a muchos turistas e inmigrantes. 4. Muchos turistas van a ver las ruinas de Tenochtitlán. 5. El D.F. tiene una población mayor que las de Nueva York, Madrid o París. 6. Tú puedes ver las obras de Diego Rivera y Frida Kahlo en el Museo de Arte Moderno de la Ciudad de México.

5 1. Las cinco ciudades más importantes de México son la Ciudad de México, Guadalajara, Monterrey, Puebla y Ciudad Juárez. 2. Seis mexicanos célebres son Benito Juárez, Octavio Paz, Elena Poniatowska, Julio César Chávez, Frida Kahlo y Diego Rivera. 3. Los Estados Unidos, Belice y Guatemala hacen frontera con México. 4. El Río Bravo del Norte es un río importante de México. 5. Dos sierras importantes de México son la Sierra Madre Oriental y la Sierra Madre Occidental.
6. Ciudad Juárez es una ciudad mexicana importante que está en la frontera con los EE.UU. 7. La Ciudad de México fue fundada en el siglo dieciséis.

Workbook

contextos

1 1. un huésped 2. la estación de tren/del metro 3. al aeropuerto 4. el pasaje/el equipaje 5. el/la botones 6. una agencia de viajes 7. una reservación 8. el ascensor 9. una llave 10. el pasaporte

2 1. pasajes 2. pasaportes 3. equipaje 4. sacar fotos 5. aeropuerto 6. taxi 7. confirmar 8. agente de viajes 9. pasear 10. playa 11. llegada 12. hotel

3 1. febrero 2. marzo 3. diciembre 4. mayo 5. julio 6. enero

4 1. La primavera sigue al invierno. 2. Mucha gente va a la playa en el verano./En el verano mucha gente va a la playa. 3. Las clases empiezan en el otoño./En el otoño empiezan las clases.

5 1. Sí, en Soria hace buen tiempo/hace sol y viento. 2. No, en Teruel está soleado/hace sol/hace buen tiempo. 3. No, en Girona llueve/hace mal tiempo. 4. No, en Murcia está soleado/hace sol/hace buen tiempo. 5. No, en Cáceres hace sol/está soleado/hace buen tiempo. 6. En Salamanca está soleado/hace sol/hace buen tiempo. 7. Sí, hace viento cerca de Castellón. 8. En Almería está soleado/hace sol/hace buen tiempo. 9. No, en Las Palmas está soleado/hace buen tiempo/hace sol. 10. No, en Lleida hace mal tiempo/llueve.

estructura

5.1 *Estar* with conditions and emotions

1 1. a 2. b 3. a 4. c 5. b 6. a

2 Suggested answers: 1. estamos, aburridos/as 2. está, cómodo/contento/feliz 3. están, equivocados 4. está, cansada 5. está, desordenada/sucia 6. está, cerrada 7. está, sucio 8. está contento/feliz 9. está triste/aburrido 10. están abiertas

3 1. estoy feliz/contento 2. estás triste 3. estoy seguro 4. estamos cómodos 5. están abiertas 6. está desordenado 7. estamos ocupados 8. estoy cansado 9. estoy aburrido 10. estoy nervioso 11. estoy enamorado 12. estoy contento/feliz

4 1. Vicente y Mónica están cansados. 2. Estamos equivocados/as. 3. El pasajero está nervioso. 4. Paloma está enamorada. 5. Los abuelos de Irene están contentos/felices. 6. No estoy seguro/a.

5.2 The present progressive

1 1. está buscando 2. están comiendo 3. Estoy empezando 4. están viviendo 5. está trabajando 6. Estás jugando 7. están teniendo 8. está abriendo 9. Estamos pensando 10. está estudiando

2 1. está leyendo el periódico 2. están jugando al fútbol 3. está paseando en bicicleta 4. está sacando/tomando fotos/una foto 5. están paseando/caminando (por el parque) 6. Estoy tomando el sol 7. está patinando (en línea) 8. Estás nadando (en la piscina)

5.3 *Ser* and *estar*

1 1. es, g. 2. están, l. 3. está, k. 4. está, m. 5. es, b. 6. está, j. 7. es, e. 8. Estoy, n. 9. es, c. 10. Es, d.

2 1. está, es 2. es, estoy 3. está, es 4. es, están 5. está, es 6. está, es

3 1. La habitación está limpia y ordenada. 2. El restaurante del hotel es excelente. 3. La puerta del ascensor está abierta. 4. Los otros huéspedes son franceses. 5. Estoy cansada de viajar. 6. Paula y yo estamos buscando al botones. 7. La empleada es muy simpática. 8. El botones está ocupado. 9. Ustedes están en la ciudad de San Juan. 10. Eres José Javier Fernández.

4 1. son 2. están 3. Están 4. son 5. están 6. son 7. están 8. está 9. es 10. está 11. es 12. es 13. estamos 14. estamos

5.4 Direct object nouns and pronouns

1 1. los 2. lo 3. lo 4. los 5. la 6. La 7. las 8. Las 9. lo 10. la

Workbook

síntesis

Answers will vary.

panorama

1   1. Cierto. 2. Falso. Aproximadamente la cuarta parte de la población puertorriqueña habla inglés. 3. Falso. La fortaleza del Morro protegía la bahía de San Juan. 4. Falso. La música salsa tiene orígenes puertorriqueños y cubanos. 5. Cierto. 6. Cierto.

2   1. San Juan/la capital 2. federales 3. Roberto Clemente 4. Puerto Rico 5. radiotelescopios 6. estado libre asociado

3   **Ciudades:** San Juan, Arecibo, Bayamón, Fajardo, Mayagüez, Ponce **Ríos:** Río Grande de Añasco, Río Loíza **Islas:** Culebra, Vieques **Puertorriqueños célebres:** Raúl Juliá, Roberto Clemente, Julia de Burgos, Benicio del Toro, Rosie Pérez, Felipe Rodríguez, Héctor Lavoe

4   1. No, no los usan. 2. Sí, lo habla. 3. Sí, (muchas personas) las sacan. 4. Sí, la tocan. 5. No, no las estudian. 6. No, no los pagan.

5   1. Observatorio de Arecibo 2. El Morro 3. Faro en Arecibo 4. Playa en San Juan

Lección 6

contextos

1 1. cinturones, corbatas, pantalones de hombre, trajes de hombre 2. abrigos, botas, guantes, sandalias, zapatos de tenis 3. blusas, bolsas, cinturones, faldas, gafas de sol, vestidos 4. calcetines, medias, trajes de baño 5. cuarto 6. tercer 7. primer/segundo 8. tercer

2 1. un traje de baño 2. un impermeable 3. gafas de sol/lentes de sol/gafas oscuras 4. zapatos de tenis 5. centro comercial 6. tarjeta de crédito

3 1. El chocolate es marrón/café/blanco. 2. Las bananas son amarillas/verdes. 3. Las naranjas son anaranjadas/amarillas/verdes. 4. La bandera de los Estados Unidos es roja, blanca y azul. 5. Cuando está nublado, las nubes son grises./Las nubes son grises cuando está nublado. 6. Los bluejeans son azules. 7. Muchos aviones son blancos. 8. Las palabras de este libro son negras.

4 1. los pantalones/los (blue)jeans 2. la corbata 3. la falda 4. la chaqueta 5. la camiseta 6. la camisa 7. los zapatos 8. el cinturón 9. las sandalias 10. la blusa

estructura

6.1 Saber and conocer

1 1. conozco 2. conoce 3. Sabes 4. sé 5. conoce 6. conocemos

2 1. conduce 2. sabe 3. parece 4. conocen 5. ofrece 6. traducimos

3 1. Eugenia conoce a mi amiga Frances. 2. Pamela sabe hablar español muy bien. 3. El sobrino de Rosa sabe leer y escribir. 4. José y Laura conocen la ciudad de Barcelona. 5. Nosotros no sabemos llegar a la residencia estudiantil. 6. Yo conozco al profesor de literatura. 7. Elena y María Victoria saben patinar en línea.

6.2 Indirect object pronouns

1 1. Le 2. nos 3. les 4. les 5. nos 6. te 7. le 8. les 9. Te 10. me

2 1. me 2. les 3. le 4. les 5. Le 6. les 7. nos/les 8. nos/les 9. le 10. me 11. le 12. me 13. te 14. te

3 1. Vas a darles muchos regalos a tus padres. 2. Les quiero comprar unos guantes a mis sobrinos. 3. Clara le va a vender sus libros de literatura francesa a su amiga. 4. Los clientes pueden pagarnos con tarjeta de crédito.

4 1. les 2. le 3. me 4. les 5. le 6. le 7. Les

5 1. No, no le escribe un mensaje electrónico. 2. No, no nos trae las maletas a la habitación. 3. No, no les dan gafas de sol. 4. No, no me compra botas. 5. No, no nos muestra el traje. 6. No, no te voy a buscar la revista en la librería.

6.3 Preterite tense of regular verbs

1 1. encontró 2. recibió 3. terminaron 4. preparó 5. Visité 6. escucharon 7. viajaron 8. Escribimos 9. Regresaste 10. vivieron

2 1. Ramón escribió una carta al director del programa. 2. Mi tía trabajó de dependienta en un gran almacén. 3. Comprendí el trabajo de la clase de biología. 4. La familia de Daniel vivió en Argentina. 5. Virginia y sus amigos comieron en el café de la librería. 6. Los ingenieros terminaron la construcción de la tienda en junio. 7. Cada día llevaste ropa muy elegante. 8. Los turistas caminaron, compraron y descansaron. 9. Corrimos cada día en el parque.

3 1. No, mi primo Andrés ya viajó a Perú. 2. No, ya busqué una tienda de computadoras en el centro comercial. 3. No, ya encontramos muchas rebajas en el centro. 4. No, María ya pagó las sandalias en la caja. 5. No, Mónica y Carlos ya regatearon con el vendedor. 6. No, mi abuela ya paseó por la playa.

4 1. ¿Pagaste el abrigo con la tarjeta de crédito?, Sí, pagué el abrigo con la tarjeta de crédito./No, no pagué el abrigo con la tarjeta de crédito. 2. ¿Jugaste al tenis?, Sí, jugué al tenis./No, no jugué al tenis. 3. ¿Buscaste un libro en la biblioteca?, Sí, busqué un libro en la biblioteca./

No, no busqué un libro en la biblioteca.
4. ¿Llegaste tarde a clase?, Sí, llegué tarde a clase./
No, no llegué tarde a clase. 5. ¿Empezaste a
escribir una carta?, Sí, empecé a escribir una
carta./No, no empecé a escribir una carta.

6.4 Demonstrative adjectives and pronouns

1 1. estos 2. ese 3. Aquella 4. este 5. Esas
6. estos

2 1. No, (Gloria) va a comprar esos pantalones.
2. No, llevé estos zapatos de tenis. 3. No, quiero
ver estas medias. 4. No, (David) usa aquella
chaqueta negra. 5. No, (Silvia) decidió comprar

ese sombrero. 6. No, me mostró el vestido
aquel dependiente.

3 1. éstas/ésas/aquéllas 2. éstos/ésos/aquéllos
3. ésta/ésa/aquélla 4. éstos/ésos/aquéllos
5. éste/ése/aquél 6. éstas/ésas/aquéllas

4 1. esta 2. ésta 3. ésa 4. Ésa 5. aquella/esa
6. aquélla/ésa 7. este 8. Éste 9. ésos/aquéllos

5 Answers will vary.

síntesis

Answers will vary.

panorama

1 **Horizontales:** 4. Alicia 5. abeja 6. Obispo
9. Valdés 10. tabaco **Verticales:** 1. UNESCO
2. Castro 3. caña 7. ballet 8. peso

2 1. Los antepasados de los cubanos de hoy en
día son africanos, europeos, chinos y antillanos,
entre otros. 2. La bandera cubana es roja,
blanca y azul. 3. Los coco taxis son un medio
de transporte muy popular en Cuba. 4. *Buena
Vista Social Club* es un grupo de importantes
músicos de Cuba que interpretan canciones
clásicas del son cubano.

3 1. Palacio de Capitanes Generales 2. Órganos,
Maestra 3. Isla de la Juventud 4. Ballet Nacional
de Cuba 5. caña de azúcar 6. puros cubanos
7. colonia 8. son cubano

4 1. Ibrahim Ferrer 2. Alicia Alonso 3. Fidel Castro
4. José Martí 5. Zoé Valdés 6. Carlos Finlay

5 1. once millones doscientos trece mil 2. dos
millones cien mil 3. mil novecientos ochenta
y dos 4. cuarenta y dos mil ochocientas tres
5. trescientas veinte 6. mil novecientos veintiséis

repaso lecciones 4–6

1 1. Sí, la hago. 2. No, no los pongo. 3. Sí, los
traigo. 4. No, no lo oigo. 5. Sí, las conozco.
6. No, no la pongo.

2 1. quiere/piensa 2. Comienzas 3. puede/quiere/
piensa 4. Prefiero/Quiero/Pienso 5. cierran
6. quieren/piensan 7. vuelven 8. piden

3 1. No, te voy a vender ésta./No, voy a venderte
ésta. 2. No, vamos a abrirle aquél./No, le vamos
a abrir aquél. 3. No, va a llevarles ésas./No, les
va a llevar ésas./No, va a llevarnos ésas./No, nos

va a llevar ésas. 4. No, les van a enseñar éstos./
No, van a enseñarles éstos.

4 1. Paloma y Carlos son inteligentes y
trabajadores. 2. Mariela está cantando una
canción bonita. 3. Eres conductor de taxi en la
ciudad. 4. Estamos en un hotel en la playa.
5. Gilberto está preocupado porque tiene mucho
trabajo. 6. Roberto y yo somos puertorriqueños,
de San Juan.

5 Answers will vary.

Workbook

contextos

1 1. champú 2. baño/cuarto de baño 3. jabón 4. toalla 5. despertador 6. espejo/maquillaje

2 1. en el baño 2. en la habitación 3. en el baño 4. en el baño 5. en la habitación 6. en el baño 7. en el baño 8. en la habitación

3 1. Lupe se cepilla los dientes después de comer. 2. Ángel se afeita por la mañana. 3. Lupe se baña por la tarde. 4. Ángel se ducha antes de salir.

4 1. antes 2. despertarse 3. bailar 4. despertador 5. entonces 6. vestirse

5 Por la mañana Silvia se prepara para salir. Primero se levanta y se ducha. Después de ducharse, se viste. Entonces se maquilla. Antes de salir come algo y bebe un café. Por último se peina y se pone una chaqueta. Durante el día Silvia no tiene tiempo de volver a su casa. Más tarde come algo en la cafetería de la universidad y estudia en la biblioteca. Por la tarde, Silvia trabaja en el centro comercial. Por la noche llega a su casa y está cansada. Más tarde prepara algo de comer y mira la televisión un rato. Antes de acostarse a dormir siempre estudia un rato.

estructura

7.1 Reflexive verbs

1 1. se enojan 2. se despide 3. Me acuesto 4. se secan 5. Te preocupas 6. se lava 7. se pone

2 1. Sí, me cepillé los dientes después de comer. 2. Sí, Julia se maquilla antes de salir a bailar. 3. Sí, nos duchamos antes de nadar en la piscina. 4. Sí, los turistas se ponen sombreros cuando van a la playa. 5. Sí, se ponen/nos ponemos las pantuflas cuando llegan/llegamos a casa.

3 1. se enoja, levantarnos/acostarnos/dormirnos 2. se enoja, nos acordamos 3. se cepilla, se levanta 4. nos quedamos, me levanto 5. me duermo/me quedo, acostarme

4 1. se lava, lava 2. Peino, Me peino 3. Nos ponemos, Ponemos 4. se levantan, levantan

5 1. se levanta/se despierta 2. se lava 3. afeitarse 4. se quedan 5. se preocupa 6. se ponen 7. se enojó 8. se levantó/se despertó 9. maquillarme 10. irme 11. vestirme 12. acordarte

7.2 Indefinite and negative words

1 1. ningún 2. algunas 3. alguien 4. ningún 5. alguna 6. tampoco

2 1. No, ninguna 2. No, ningún 3. No, nada 4. No, nunca 5. No, nadie, nunca 6. ni, tampoco

3 1. Las dependientas no venden ninguna blusa/ninguna. 2. Nadie va de compras al centro comercial. 3. Nunca te cepillas los dientes antes de salir. 4. No me vas a traer ningún programa de computadora/ninguno. 5. Tu hermano no prepara nada de comer. 6. No quieres tomar nada en el café de la librería.

4 1. No, no tengo ninguna falda/no tengo ninguna. 2. No, nunca salgo los fines de semana/no salgo nunca los fines de semana. 3. No, no quiero comer nada (ahora). 4. No, no le presté ningún disco de jazz (a César)/no le presté ninguno (a César). 5. No, no podemos ni ir a la playa ni nadar en la piscina. 6. No, no encontré ningún cinturón barato en la tienda/no encontré ninguno. 7. No, no buscamos a nadie (en la playa). 8. No, no me gusta ninguno de estos trajes/no me gusta ninguno.

5 Rodrigo nunca está leyendo ningún libro. Tampoco lee el periódico. Nunca lee nada. No leyó ningún libro de Vargas Llosa el año pasado. Tampoco leyó ninguna novela de Gabriel García Márquez. Nunca quiere leer ni libros de misterio ni novelas fantásticas.

7.3 Preterite of *ser* and *ir*

1 1. fueron, ir 2. fue, ser 3. fuimos, ir 4. fueron, ser 5. Fuimos, ser 6. fue, ir 7. fueron, ir 8. fue, ser 9. Fui, ir 10. fue, ir

2 Paragraph: 1. fuimos 2. fue 3. fue 4. fuimos
5. fuimos 6. fue 7. fuimos 8. fuimos 9. fue
10. fuimos 11. fue 12. fui 13. fue 14. fuimos
15. fuimos 16. fue 17. fue 18. Fuiste
Infinitives: 1. ir 2. ser 3. ser 4. ir 5. ir 6. ser
7. ir 8. ir 9. ser 10. ir 11. ser 12. ser 13. ser
14. ir 15. ir 16. ser 17. ser 18. ir

7.4 Verbs like *gustar*

1 1. Maru, te quedan bien las faldas y los vestidos.
2. A Jimena y a Juan Carlos no les molesta la
lluvia. 3. A los chicos no les importa ir de
compras. 4. A don Diego y a Felipe les aburre
probarse ropa en las tiendas. 5. A Jimena le
fascinan las tiendas y los almacenes. 6. A Felipe
le faltan dos años para terminar la carrera.

síntesis

Answers will vary.

panorama

1 1. Lima, Arequipa 2. Iquitos 3. Barranco
4. Machu Picchu 5. camello 6. Nazca

2 1. Barranco 2. llamas 3. aimara 4. Lima
5. Andes 6. noroeste 7. Iquitos 8. guanacos
9. nazca 10. poeta Se llega por el **Camino Inca.**

3 1. Arequipa 2. Iquitos 3. Lima 4. Cuzco
5. Machu Picchu

4 1. Falso. Iquitos es un destino popular para los
ecoturistas que visitan la selva. 2. Cierto.
3. Falso. La Iglesia de San Francisco es notable
por la influencia de la arquitectura barroca
colonial. 4. Cierto. 5. Cierto. 6. Falso. La
civilización nazca hizo dibujos que sólo son
descifrables desde el aire.

5 1. Ecuador 2. Colombia 3. Iquitos 4. Río
Amazonas 5. Brasil 6. Lima 7. Machu Picchu
8. Cuzco 9. Bolivia 10. Lago Titicaca

7. A los chicos les encanta pescar y nadar en el
mar. 8. A Miguel le interesa el arte.

2 1. fascina 2. encantan 3. gusta 4. interesan
5. molesta 6. aburren 7. falta 8. encantan

3 1. Te queda bien la blusa cara. 2. Les molestan
las canciones populares. 3. ¿No te interesa
nadar/aprender a nadar? 4. Les encanta el
centro comercial. 5. Nos faltan unas semanas
de clase. 6. No les importa buscar unos libros
nuestros.

4 1. me encantan 2. le molestan 3. les falta
4. Te quedan 5. le importan 6. me aburren

5 Answers will vary.

contexts

1 1. los tomates 2. la sopa 3. las zanahorias 4. el jugo 5. el sándwich 6. las papas fritas 7. los camarones 8. los limones

2 **Verduras:** arvejas, cebollas, champiñones, espárragos, lechuga, maíz, papas, tomates, zanahorias **Productos lácteos:** leche, mantequilla, queso, yogur **Condimentos:** aceite, azúcar, mayonesa, pimienta, sal, vinagre **Carnes y aves:** bistec, chuletas de cerdo, hamburguesas, jamón, pollo, salchichas **Pescados y mariscos:** atún, camarones, langosta, salmón **Frutas:** bananas, limones, manzanas, melocotones, naranjas, peras, tomates, uvas

3 1. Suggested answer: el vino tinto 2. las zanahorias 3. los camarones 4. las uvas

4 1. **Desayuno:** un yogur y un café con leche **Almuerzo:** un sándwich de jamón y queso **Cena:** unas chuletas de cerdo con arroz y frijoles 2. **Desayuno:** huevos fritos y jugo de naranja **Almuerzo:** una hamburguesa y un refresco **Cena:** una langosta con papas y espárragos 3. **Desayuno:** pan tostado con mantequilla **Almuerzo:** un sándwich de atún y un té helado **Cena:** un bistec con cebolla y arroz 4. **Desayuno:** cereales con leche **Almuerzo:** una sopa y una ensalada **Cena:** pollo asado con ajo y champiñones

estructura

8.1 Preterite of stem-changing verbs

1 1. Ana y Enrique pidieron unos refrescos fríos. 2. Mi mamá nos sirvió arroz con frijoles y carne. 3. Tina y Linda durmieron en un hotel de Lima. 4. Las flores de mi tía murieron durante el otoño. 5. Ustedes se sintieron bien porque ayudaron a las personas.

2 1. repitieron 2. murió 3. Serví 4. pidieron 5. durmió 6. prefirieron

3 1. Anoche mis primos se despidieron de nuestros abuelos en el aeropuerto. 2. (Yo) Seguí a Camelia por la ciudad en el auto. 3. Ustedes prefirieron quedarse en casa. 4. Ellas pidieron un plato de langosta con salsa de mantequilla. 5. Tu esposo les sirvió una ensalada con atún y espárragos.

4 1. Preferimos este restaurante al restaurante italiano. 2. Mis amigos siguieron a Gustavo para encontrar el restaurante. 3. La camarera te sirvió huevos fritos y café con leche. 4. Ustedes pidieron ensalada de mariscos y vino blanco. 5. Carlos prefirió las papas fritas. 6. Conseguí el menú del restaurante.

5 1. conseguí 2. pidió 3. sirvió 4. murió 5. dormí 6. se vistió 7. seguí 8. repitió 9. prefirió 10. me despedí

8.2 Double object pronouns

1 1. La camarera te lo sirvió. 2. Isabel nos las trajo (a la mesa). 3. Javier me los pidió (anoche). 4. El dueño nos la busca (para seis personas). 5. Tu madre me los consigue. 6. ¿Te lo recomendaron Lola y Paco?

2 1. La dueña nos la abrió. 2. Se los pidieron. 3. Nos lo buscaron y nos sentamos. 4. Se las sirvieron (con el pescado). 5. Se los llevaron (a la mesa). 6. Me la trajeron. 7. El dueño se la compró. 8. Ellos te los mostraron (antes de servirlos).

3 1. Se las escribí a ellos. 2. Se lo recomendó su tío./Su tío se lo recomendó. 3. Nos la va a abrir Sonia./Sonia nos la va a abrir./Sonia va a abrírnosla. 4. Se lo sirvió Miguel./Miguel se lo sirvió. 5. Me los llevaron mis amigas./Mis amigas me los llevaron. 6. (Roberto) Se las ofrece a su familia.

4 1. Se lo recomendó Rosalía./Rosalía se lo recomendó. 2. Se los sirvió el dueño./El dueño se los sirvió. 3. Se los trajo el camarero./El camarero se los trajo. 4. Se lo preguntó al camarero. 5. Se las pidió Tito./Tito se las pidió. 6. Se lo pidió Celia./Celia se lo pidió. 7. Se la repitió el camarero./El camarero se la repitió. 8. Se las dio al dueño.

8.3 Comparisons

1 1. más pequeño que 2. más rápido que 3. tan ricos/deliciosos/sabrosos como 4. más altos que 5. más trabajadora que 6. menos inteligente que 7. tan mala como 8. menos gordos que

2 1. Nelly Furtado es más famosa que mi hermana. 2. Estudiar química orgánica es más difícil que leer una novela./Es más difícil estudiar química orgánica que leer una novela. 3. El tiempo en Boston es peor que el tiempo en Florida./El tiempo es peor en Boston que en Florida. 4. Los restaurantes elegantes son menos baratos que los restaurantes de comida rápida. 5. Mi abuelo es mayor que mi sobrino.

3 1. más que mi padre/más que él 2. más que tú 3. menos que David/menos que él 4. más que yo 5. menos que tú 6. más que Lorna/más que ella

4 Answers will vary.

5 Answers will vary.

6 1. La biblioteca tiene más sillas que el laboratorio de lenguas. 2. Ramón compró tantas corbatas como Roberto. 3. Yo comí menos (pasta) que mi hermano. 4. Anabel durmió tanto como Amelia./Anabel durmió tantas horas como Amelia. 5. Mi primo toma menos clases que mi amiga Tere.

8.4 Superlatives

1 Answers will vary. Sample answers: 1. La película *Cobardes* es la peor de la historia del cine. 2. La comida mexicana es la más sabrosa de todas. 3. Mi sobrino es el más joven de mi familia. 4. El libro *El Quijote* es el más interesante de la biblioteca. 5. Las vacaciones de verano son las mejores del año.

2 1. Miguel y Maru están cansadísimos. 2. Felipe es jovencísimo. 3. Jimena es inteligentísima. 4. La madre de Marissa está contentísima. 5. Estoy aburridísimo.

3 Answers will vary.

---

síntesis

Answers will vary.

---

panorama

1 1. moneda 2. cuarenta 3. diseño 4. quetzal 5. calendario 6. naturaleza

2 Answers will vary. Suggested answers: 1. El maíz es un cultivo de mucha importancia en la cultura maya. 2. Miguel Ángel Asturias es un escritor guatemalteco célebre. 3. México, Belice, El Salvador y Honduras limitan con Guatemala. 4. La Antigua Guatemala fue una capital importante hasta 1773, cuando un terremoto la destruyó. 5. El quetzal simbolizó la libertad para los mayas porque creían que este pájaro no podía vivir en cautiverio. 6. El gobierno mantiene una reserva ecológica especial para proteger al quetzal.

3 1. el quetzal 2. el huipil/los huipiles

4 1. El área de Guatemala es más pequeña que la de Tennessee. 2. Un componente interesantísimo de las telas de Guatemala es el mosquito. 3. Las lenguas mayas se hablan menos que el español. 4. Rigoberta Menchú es menor que Margarita Carrera. 5. La celebración de la Semana Santa en Antigua Guatemala es la más importante (del hemisferio) para muchas personas.

5 1. Cierto 2. Falso. La lengua materna de muchos guatemaltecos es una lengua maya. 3. Falso. La civilización de los mayas era muy avanzada. 4. Cierto. 5. Falso. Los quetzales están en peligro de extinción. 6. Cierto.

contextos

1 1. estado civil 2. etapa de la vida 3. estado civil 4. etapa de la vida 5. fiesta 6. etapa de la vida 7. etapa de la vida 8. fiesta 9. estado civil 10. etapa de la vida 11. fiesta 12. estado civil

2 1. el nacimiento 2. la niñez 3. la adolescencia 4. la juventud 5. la madurez 6. la vejez

3 1. la vejez/la madurez 2. la juventud 3. la niñez 4. la juventud 5. la adolescencia 6. la vejez 7. la juventud 8. la juventud 9. la vejez 10. la adolescencia

4 1. el 26 de enero de 1952 2. viudo 3. en la madurez 4. el 26 de enero 5. en 1974 6. con una botella de champán 7. el 11 de marzo de 1982 8. soltera 9. en la juventud 10. el 11 de marzo 11. en 2004 12. el flan de caramelo 13. en Caracas 14. en la juventud 15. a los veintiocho años 16. casado 17. tres 18. los dulces

estructura

9.1 Irregular preterites

1 1. hay 2. Hubo 3. hubo 4. hay 5. Hubo 6. hay

2 1. estuvieron 2. Tuve 3. vino 4. hizo 5. puso

3 1. dijeron 2. tradujo 3. condujo 4. trajeron 5. dijimos

4 1. Antonio le dio un beso a su madre. 2. Los invitados le dieron las gracias a la familia. 3. Tú les trajiste una sorpresa a tus padres. 4. Rosa y yo le dimos un regalo al profesor. 5. Carla nos trajo mucha comida para el viaje.

5 Answers will vary. Suggested answers: 1. Rosa hizo galletas. 2. Mi tía estuvo en Perú. 3. Yo vine a este lugar. 4. Rita y Sara dijeron la verdad. 5. Ustedes pusieron la televisión. 6. Ellos produjeron una película. 7. Nosotras trajimos una cámara. 8. Tú tuviste un examen.

6 1. No, ya estuve en la biblioteca ayer. 2. No, Elena y Miguel ya dieron una fiesta el sábado pasado. 3. No, la profesora ya tradujo esa novela el año pasado. 4. No, ya hubo pastel de limón (en la cena de) anoche. 5. No, ya puse los abrigos sobre la cama. 6. No, ya tuvimos/tenemos tres hijos.

9.2 Verbs that change meaning in the preterite

1 1. pudo 2. conocieron 3. quisieron 4. supo 5. Pudimos 6. quiso

2 1. No pude terminar el libro el miércoles. 2. Inés supo la semana pasada que Vicente es/está divorciado. 3. Sus amigas quisieron llamarla (por teléfono), pero no pudieron. 4. Susana conoció a los padres de Alberto anoche. 5. Los camareros pudieron servir la cena a las ocho. 6. Tu madre no quiso ir a la casa de tu hermano.

3 1. conoció 2. quiso 3. quiso 4. pudo 5. supieron 6. pudieron

9.3 ¿Qué? and ¿cuál?

1 1. Qué 2. Qué 3. Cuál 4. cuál 5. Qué 6. Cuáles 7. Qué 8. Cuál

2 1. ¿Cuál es la camisa que más te gusta? 2. ¿Qué quieres hacer hoy? 3. ¿Quién es tu profesora de matemáticas? 4. ¿De dónde eres?/¿De dónde es usted? 5. ¿Cuáles son tus gafas favoritas? 6. ¿Dónde está el pastel de cumpleaños? 7. ¿A qué hora empieza la fiesta sorpresa? 8. ¿Cuándo cierra el restaurante? 9. ¿Cuántos invitados hay en la lista? 10. ¿Adónde van ustedes?

9.4 Pronouns after prepositions

1 1. ella 2. conmigo 3. tú 4. mí 5. contigo 6. ellos 7. ti 8. ella 9. él 10. ti

2 1. ustedes 2. nosotros 3. mí 4. conmigo 5. mí 6. contigo 7. ti 8. ti 9. ellos/él

síntesis

Answers will vary.

panorama

1 **Ciudades más grandes:** Santiago de Chile, Concepción, Viña del Mar **Deportes de invierno:** el esquí, el *snowboard,* el heliesquí **Países fronterizos:** Perú, Bolivia, Argentina **Escritores:** Gabriela Mistral, Pablo Neruda, Isabel Allende

2 1. Falso. Una tercera parte de los chilenos vive en Santiago de Chile. 2. Cierto. 3. Falso. La mayoría de las playas de Chile están en la costa del océano Pacífico. 4. Cierto. 5. Falso. La isla de Pascua es famosa por los *moái,* unas estatuas enormes. 6. Cierto. 7. Cierto. 8. Falso. La exportación de vinos está aumentando cada vez más.

3 1. peso chileno 2. héroe 3. holandeses 4. observatorios 5. vino 6. Argentina

4 1. edificio antiguo en Santiago 2. los *moái* de la isla de Pascua

5 1. escribió 2. recibió 3. decidieron 4. comenzó

6 1. ¿Cuántos habitantes hay en/tiene Chile? 2. ¿Cuál es la capital chilena/de Chile? 3. ¿Qué idiomas se hablan en Chile?/¿Cuáles son los idiomas que se hablan en Chile? 4. ¿Quiénes descubrieron la isla de Pascua?/¿Qué descubrieron los exploradores holandeses? 5. ¿Dónde se puede practicar el heliesquí?/¿Qué (deporte) se puede practicar en el centro de esquí Valle Nevado?/¿Qué tipo de excursiones organiza el centro de esquí Valle Nevado? 6. ¿Cuándo/En qué siglo comenzó la producción de vino en Chile?

repaso lecciones 7–9

1 1. nos gusta 2. me encantan 3. le molesta 4. les importa 5. te queda 6. les faltan

2 1. No, no debes ponerte/no te debes poner nada elegante esta noche. 2. No, no me enojé con nadie en el restaurante. 3. No, Ana no se probó ningún vestido/ninguno (en la tienda). 4. No, Raúl nunca quiere quedarse/se quiere quedar en las fiestas.

3 1. fuimos 2. Fuimos 3. condujo 4. fue 5. hubo 6. Supe 7. rompió 8. quisimos 9. fue 10. pidió 11. dijo 12. sirvió 13. brindamos/brindaron 14. dimos 15. pudieron 16. traduje 17. repitió 18. estuvieron 19. trajo 20. fuimos 21. pidió 22. se despidieron 23. se puso 24. conseguimos

4 1. (Rebeca) Quiso comprárselo./(Rebeca) Se lo quiso comprar. 2. Se la hice. 3. Se los dijeron. 4. (Francisco) No pudo prestárnoslo./(Francisco) No nos lo pudo prestar. 5. Debiste decírselo./Se lo debiste decir. 6. Te las traje.

5 Some answers may vary. Suggested answers: 1. Guatemala es más pequeño que Perú. 2. Las líneas de Nazca son tan misteriosas como los *moái* de la isla de Pascua. 3. Los habitantes de Guatemala hablan más idiomas que los habitantes de Chile. 4. La ciudad de Guatemala es más grande que el puerto de Iquitos. 5. Los peruanos usan las llamas más que los chilenos.

6 Answers will vary.

contextos

1 1. la nariz 2. el corazón 3. la garganta 4. el brazo 5. el estómago 6. la rodilla 7. el tobillo 8. el pie

2 1. la farmacia 2. el dentista 3. la sala de emergencia 4. la clínica/el consultorio 5. el hospital
6. la clínica/el consultorio

3 **Síntoma:** estornudos, fiebre, tos **Enfermedad:** gripe, resfriado **Diagnóstico:** radiografía, tomar la
temperatura **Tratamiento:** antibiótico, aspirina, operación, pastilla, receta

4 1. embarazada 2. fiebre 3. inyección 4. duele 5. congestionada 6. receta 7. radiografía 8. síntomas

5 1. a 2. b 3. c 4. a 5. c 6. b 7. a 8. c

estructura

10.1 The imperfect tense

1 1. cenaba 2. cantaba 3. nadaban 4. jugábamos
5. tenía 6. escribías 7. Creíamos 8. buscaban

2 1. Mi abuela era muy trabajadora y amable.
2. Tú ibas al teatro cuando vivías en Nueva
York. 3. Ayer había muchísimos pacientes en el
consultorio. 4. Veíamos tu casa desde allí.
5. Eran las cinco de la tarde cuando llegamos
a San José. 6. Ella estaba muy nerviosa durante
la operación.

3 1. No, pero antes hablaba. 2. No, pero antes iba.
3. No, pero antes (la) comía. 4. No, pero antes
me traía. 5. No, pero antes conducía.

4 Answers may vary. Suggested answers: 1. Tú
escribías cartas/postales. 2. Rolando buceaba en
el mar. 3. Pablo y Elena jugaban a las cartas.
4. Lilia y yo tomábamos el sol.

5 1. Antes jugaba al fútbol con mis primos. Ahora
juego en el equipo de la universidad. 2. Antes
escribía las cartas a mano. Ahora escribo el
correo electrónico con la computadora.
3. Antes era gordito. Ahora soy delgado.
4. Antes tenía a mi familia cerca. Ahora tengo a
mi familia lejos. 5. Antes estudiaba en mi
habitación. Ahora estudio en la biblioteca.
6. Antes conocía a personas de mi ciudad. Ahora
conozco a personas de todo el país.

10.2 The preterite and the imperfect

1 1. celebraba 2. llegó 3. miraba 4. Estaba
5. tenía 6. te enfermabas 7. sufrieron
8. perdimos

2 1. bailaba 2. bailó 3. escribí 4. escribía
5. era 6. fue 7. Hubo 8. había 9. vi 10. veía

3 1. dormían/estaban dormidas 2. cerró la ventana
3. compró una maleta 4. tomaban el sol

4 1. Ayer Clara fue a casa de sus primos, saludó a
su tía y comió con ellos. 2. Cuando Manuel
vivía en San José, conducía muchos kilómetros
todos los días. 3. Mientras Carlos leía las
traducciones, Blanca traducía otros textos.
4. El doctor terminó el examen médico y me
recetó un antibiótico. 5. La niña tenía ocho
años y era inteligente y alegre. 6. Rafael cerró
todos los programas, apagó la computadora y
se fue.

5 1. llegué 2. vivíamos 3. conocimos
4. teníamos 5. vimos 6. podíamos 7. conectó
8. miramos 9. caminábamos 10. dijo

6 1. ¿Dónde estaba Miguel cuando llamé por
teléfono? Miguel estaba en la cocina. Lavaba los
platos. 2. ¿Dónde estabas cuando Juan Carlos
y yo fuimos al cine? Estaba en casa. Leía una
revista. 3. ¿Dónde estaba tu hermano cuando
empezó a llover? Mi hermano estaba en la calle.
Paseaba en bicicleta. 4. ¿Dónde estaban ustedes
cuando Felipe vino a casa? Estábamos en el
estadio. Jugábamos al fútbol. 5. ¿Dónde
estaban Jimena y Felipe cuando los saludaste?
Estaban en el supermercado. Hacían la compra.

7 Estaba pasando el verano en Alajuela, y era un
lugar muy divertido. Salía con mis amigas todas
las noches hasta tarde. Bailábamos con nuestros
amigos y nos divertíamos mucho. Durante la
semana, trabajaba: daba clases de inglés. Los
estudiantes eran alegres y se interesaban mucho
por aprender. El día de mi cumpleaños conocí a
un chico muy simpático que se llamaba

Francisco. Me llamó al día siguiente y nos veíamos todos los días. Me sentía enamorada de él.

8 Ayer mi hermana y yo fuimos a la playa. Cuando llegamos, era un día despejado con mucho sol, y nosotras estábamos muy contentas. A las doce comimos unos sándwiches de almuerzo. Los sándwiches eran de jamón y queso. Luego descansamos y entonces nadamos en el mar. Mientras nadábamos, vimos a las personas que practicaban el esquí acuático. Parecía muy divertido, así que decidimos probarlo. Mi hermana fue primero, mientras yo la miraba. Luego fue mi turno. Las dos nos divertimos mucho esa tarde.

10.3 Constructions with *se*

1 1. se habla 2. se venden 3. se sirve 4. se recetan 5. se vive 6. se puede

2 1. Se prohíbe fumar./No se debe fumar. 2. Se venden periódicos. 3. Se habla español. 4. Se necesitan enfermeras. 5. No se debe nadar./Se prohíbe nadar. 6. Se busca un auto usado.

3 1. le 2. les 3. te 4. me 5. les 6. nos

4 1. A Marina se le cayó la bolsa. 2. A ti se te olvidó comprarme la medicina. 3. A nosotros se nos quedaron los libros en el auto. 4. A Ramón y a Pedro se les dañó el proyecto.

5 1. Se nos perdieron las llaves del auto. 2. Se les olvidó ponerse las inyecciones. 3. Se te cayeron los papeles del médico. 4. Se le rompió la pierna cuando esquiaba. 5. Se me dañó la cámara durante el viaje.

6 1. Se les dañó el coche. 2. Se les rompió la botella de vino. 3. Se me perdieron las llaves del hotel. 4. Se nos quedaron las toallas en la playa. 5. Se le olvidó estudiar para el examen en el avión.

10.4 Adverbs

1 1. lentamente 2. amablemente 3. frecuentemente 4. alegremente 5. perfectamente 6. constantemente 7. normalmente 8. independientemente

2 1. a menudo 2. a tiempo 3. por lo menos 4. pronto 5. casi 6. bastante

3 1. así 2. bastante 3. menos 4. casi 5. por lo menos 6. a veces

4 Answers will vary.

síntesis

Answers will vary.

panorama

1 1. Nicaragua 2. Mar Caribe 3. San José 4. Océano Pacífico 5. Panamá

2 1. Falso. Los parques nacionales costarricenses se establecieron para la protección de la biodiversidad. 2. Cierto. 3. Falso. El café representa cerca del 15% de las exportaciones anuales de Costa Rica. 4. Cierto. 5. Falso. Costa Rica eliminó el ejército en 1948. 6. Falso. En 1948 Costa Rica hizo obligatoria y gratuita la educación para todos los costarricenses.

3 1. homogénea 2. el colón costarricense 3. ejército 4. Inglaterra 5. cultivando el/en el cultivo del 6. cuartel del ejército

4 Order of answers will vary. 1. cataratas 2. montañas 3. plantas exóticas 4. quetzales 5. monos 6. jaguares 7. armadillos 8. mariposas 9. Tiene un nivel de alfabetización del 96%. 10. En 1870 eliminó la pena de muerte. 11. En 1948 eliminó el ejército. 12. En 1948 hizo obligatoria y gratuita la educación para todos los costarricenses.

5 1. se compra 2. se estableció 3. se pueden 4. se empezó 5. se ofrece 6. se eliminó

6
1. Centroamérica 2. volcanes, terremotos
3. huellas 4. igualdad, justicia 5. Solentiname
6. Casa de los Tres Mundos 7. Nicaragua
8. Zapatera

7
1. Honduras 2. Río Grande 3. Managua
4. Lago de Nicaragua 5. Océano Pacífico
6. Costa Rica

8
1. Managua 2. Córdoba 3. español 4. Rubén
Darío 5. Violeta Barrios de Chamorro
6. Daniel Ortega 7. Gioconda Belli 8. Ernesto
Cardenal

9 **Horizontales:** 1. sociedad 2. Nicaragua
5. poeta 6. volcánica **Verticales:** 3. islas
4. cultural

Answers to Workbook Activities

contextos

1 1. una conexión inalámbrica 2. una cámara de video 3. la página principal 4. el correo de voz 5. Internet 6. (la) televisión por cable

2 1. El conductor del autobús manejaba lentamente por la nieve. 2. La impresora nueva imprimía los documentos muy rápido. 3. El mecánico de Jorge le revisaba el aceite al auto todos los meses. 4. El teléfono celular sonaba insistentemente, pero nadie respondía. 5. El carro viejo no arrancaba cuando llovía. 6. Muchos jóvenes estadounidenses navegaban en Internet cuando eran niños.

3 1. el monitor 2. la pantalla 3. el teclado 4. el ratón 5. la impresora 6. el reproductor de MP3 7. el disco compacto/el cederrón

4 1. La impresora se usa para imprimir. 2. Los frenos del coche se usan para parar. 3. El navegador GPS se usa para conducir por carreteras que no conoces. 4. El volante se usa para llevar el carro a la derecha o a la izquierda. 5. El control remoto se usa para cambiar los canales del televisor. 6. La llave del carro se usa para arrancar.

5 1. licencia de conducir 2. subí 3. lleno 4. aceite 5. taller mecánico 6. arrancar 7. calle 8. tráfico 9. parar 10. accidente 11. autopista 12. velocidad máxima 13. lento 14. policía 15. estacioné

estructura

11.1 Familiar commands

1 Compra un paquete de papel para la impresora. Ve al sitio web de la agencia de viajes y pide la información sobre nuestro hotel. Imprime la información. Termina de hacer las maletas. Revisa el aceite del carro. Comprueba que tenemos una llanta extra. Limpia el parabrisas. Llena el tanque de gasolina. Ven a buscarme a la oficina.

2 1. Mario, tráeme la cámara digital que te regaló Gema. 2. Natalia, escríbele un mensaje de texto a tu hermana. 3. Martín, llámalos por teléfono celular. 4. Gloria, haz la cama antes de salir. 5. Carmen, no revises el aceite hasta la semana que viene. 6. Lilia, enséñame a manejar.

3 Este invierno, dile adiós al frío y a la nieve. Descubre una de las más grandes maravillas naturales del mundo. Ve al Parque Nacional Iguazú en Argentina y visita las hermosas cascadas. Explora el parque y mira las más de 400 especies de pájaros y animales que viven ahí. Visita este santuario de la naturaleza en los meses de enero a marzo y disfruta de una temperatura promedio de 77° F. Para unas vacaciones de aventura, haz un safari por la selva o reserva una excursión por el río Iguazú. De noche, duerme en uno de nuestros exclusivos hoteles en medio de la selva. Respira el aire puro y prueba la deliciosa comida de la región.

4 1. Sí, habla por teléfono celular con tus amigos./No, no hables por teléfono celular con tus amigos. 2. Sí, maneja en la autopista./No, no manejes en la autopista. 3. Sí, estaciona por aquí./No, no estaciones por aquí. 4. Sí, saca tu licencia de conducir./No, no saques tu licencia de conducir. 5. Sí, baja por esta calle./No, no bajes por esta calle. 6. Sí, sigue el tráfico./No, no sigas el tráfico.

11.2 *Por* and *para*

1 1. por 2. para 3. por 4. para 5. para 6. por 7. para 8. para 9. por 10. por

2 1. por eso 2. por fin 3. por aquí 4. por ejemplo 5. por aquí 6. por eso

3 1. por 2. para 3. para 4. por 5. por 6. para

4 1. Ricardo y Emilia trajeron un pastel para su prima. 2. Los turistas llegaron a las ruinas por barco. 3. Tuve un resfriado por el frío. 4. Mis amigas ganaron dinero para viajar a Suramérica. 5. Ustedes buscaron a Teresa por toda la playa. 6. El avión salió a las doce para Buenos Aires.

5 1. para 2. para 3. por 4. para 5. para 6. por 7. por 8. por 9. por 10. por 11. para 12. para 13. para 14. por 15. para 16. por 17. por 18. por

11.3 Reciprocal reflexives

1 1. se ven 2. se encuentran 3. se quieren
4. nos saludamos 5. se ayudan 6. se llaman

2 1. se saludan 2. se abrazan 3. se ayudan
4. se besan 5. nos queremos 6. se despiden
7. nos llamamos 8. se encuentran

3 1. Ayer Felipe y Lola se enviaron mensajes por correo electrónico. 2. Raúl y yo nos encontramos en el centro de computación.
3. Mis abuelos se quisieron mucho toda la vida.
4. Los protagonistas de la película se abrazaron y se besaron al final. 5. Esos hermanos se ayudaron a conseguir trabajo.

4 1. se conocieron 2. se ven 3. se encuentran
4. se besaron 5. se dijeron 6. se ayudan 7. se llaman 8. se entienden

5 1. conocieron 2. se conocieron 3. se saludaron
4. saludó 5. ayudaron 6. se ayudaron
7. vieron 8. se vieron

síntesis

Answers will vary.

panorama

1 1. "París de Suramérica" 2. europeo
3. inmigrantes 4. africanas, italianas, españolas
5. porteños 6. independencia

2 1. Mendoza 2. Mercedes 3. Patagonia
4. Inglaterra 5. porteños 6. provocativo

3 1. Leandro "Gato" Barbieri 2. Buenos Aires, Córdoba y Rosario 3. Italia, Alemania, España e Inglaterra 4. Jorge Luis Borges 5. Argentina, Paraguay y Brasil 6. Evita Perón/María Eva Duarte de Perón

4 1. el tango 2. las cataratas del Iguazú

5 1. Falso. Argentina es el país de habla hispana más grande del mundo. 2. Cierto. 3. Falso. Los idiomas que se hablan en Argentina son el español y lenguas indígenas. 4. Cierto. 5. Falso. El tango es un género musical con raíces africanas, italianas y españolas. 6. Cierto.

6 Answers will vary. Suggested answers:
1. Buenos Aires se conoce como el "París de Suramérica" por su estilo parisino. 2. La primera

11.4 Stressed possessive adjectives and pronouns

1 1. suyas 2. nuestra 3. suyas 4. suyos 5. suyo
6. nuestro 7. mía 8. tuyo

2 1. mía 2. suyo 3. míos 4. suyo 5. nuestra
6. suyos 7. tuyo 8. suyo

3 1. Sí, prefiero usar la mía. 2. Sí, quiero usar la suya/la nuestra. 3. Sí, guardé los tuyos. 4. Sí, llené el suyo. 5. Sí, manejó el nuestro/el suyo.
6. Sí, voy a comprar el tuyo. 7. Sí, tomé los suyos.
8. Sí, tengo el mío.

4 1. ¿Son de usted las gafas? Sí, son mías.
2. ¿Es de Joaquín el estéreo? Sí, es suyo.
3. ¿Es de ellos la impresora? Sí, es suya.
4. ¿Son de Susana esos reproductores de DVD? Sí, son suyos./¿Es de Susana ese reproductor de DVD? Sí, es suyo. 5. ¿Es de tu mamá el coche? Sí, es suyo. 6. ¿Son de ustedes estas cámaras de video? Sí, son nuestras.

dama de Argentina hasta 1952 fue María Eva Duarte de Perón/Evita Perón. 3. Las diferentes culturas de los inmigrantes dejaron una huella profunda en la música, el cine y la arquitectura de Argentina. 4. En un principio, el tango era un baile provocativo y violento, pero se hizo más romántico durante los años 30.

7 1. Río de la Plata 2. Punta del Este 3. carne
4. mate 5. fútbol 6. treinta 7. Carnaval
8. Desfile de las Llamadas 9. Montevideo
10. Cristina Peri Rossi

8 1. Falso. Montevideo es una ciudad cosmopolita e intelectual. 2. Cierto. 3. Falso. El mate es una bebida de origen indígena que está muy presente en Uruguay. 4. Cierto. 5. Falso. El peso uruguayo es la moneda de Uruguay. 6. Cierto.
7. Falso. Uno de los mejores carnavales de Suramérica se celebra en Montevideo. 8. Falso. En el Desfile de las Llamadas participan bailarines y bailarinas.

Answers to Workbook Activities   **23**

9 1. Paysandú 2. Río de la Plata 3. Cuchilla Grande 4. Brasil 5. Montevideo 6. Punta del Este

10 1. La mitad de los habitantes del Uruguay vive en Montevideo. 2. Algunos platos típicos son el asado, la parrillada y el chivito. 3. Montevideo es un destino popular gracias a sus hermosas playas. 4. El primer equipo de fútbol uruguayo se formó en 1891. 5. En el Carnaval de Montevideo participan muchos uruguayos. 6. El candombe es un baile de tradición africana.

contextos

1 1. Joaquín necesita una lavadora. 2. Clara necesita una secadora ahora. 3. Se necesita un lavaplatos. 4. Rita debe poner el agua en el congelador.

2 1. la cocina 2. la sala/el dormitorio 3. el dormitorio 4. la cocina 5. el dormitorio 6. la cocina 7. el dormitorio 8. el dormitorio

3 1. sacaba la basura 2. hacía la cama 3. pasaba la aspiradora 4. sacudía los muebles

4 1. sala 2. altillo 3. cocina 4. lavadora 5. cafetera 6. escalera

5 **Horizontales:** 4. vecino 5. balcón 6. mueble 8. lámpara 10. copa 11. vasos 14. manta
Verticales: 1. escalera 2. pinturas 3. alquilar 7. horno 9. mudarte 12. sofá 13. taza

estructura

12.1 Relative pronouns

1 1. quien 2. que 3. quienes 4. quien/que 5. que 6. que 7. quienes 8. que

2 1. Lo que preparo en la cocina es el almuerzo.
2. Lo que busco en el estante es mi libro favorito.
3. Lo que me gusta hacer en verano es ir al campo.
4. Lo que voy a poner en el balcón es un sofá.
5. Lo que tengo en el armario es mucha ropa. 6. Lo que le voy a regalar a mi hermana es una cafetera.

3 1. que 2. Lo que 3. lo que 4. que

4 1. que 2. lo que 3. quienes 4. que 5. que/quienes 6. quien

5 1. que/quien 2. que 3. Lo que 4. quien 5. que 6. que/quien 7. quienes 8. lo que 9. que 10. quienes 11. que 12. lo que

6 1. Lo que Raúl dijo fue una mentira. 2. Lo que conseguiste fue enojar a Victoria. 3. Lo que Lilia va a comprar es una falda. 4. Lo que ellos preparan es una sorpresa. 5. Lo que a Teo y a mí nos gusta es la nieve.

12.2 Formal (*usted/ustedes*) commands

1 1. Lave 2. Salga 3. Diga 4. beba 5. Venga 6. se vaya 7. coman 8. Oigan 9. pongan 10. Traigan 11. Vean 12. Conduzcan

2 1. Traiga la aspiradora, por favor. 2. Arregle el coche, por favor. 3. Baje al sótano, por favor. 4. Apague la cafetera, por favor. 5. Venga a la casa, por favor.

3 Lea estas instrucciones para casos de emergencia. Si ocurre una emergencia, toque la puerta antes de abrirla. Si la puerta no está caliente, salga de la habitación con cuidado. Al salir, doble a la derecha por el pasillo y baje por la escalera de emergencia. Mantenga la calma y camine lentamente. No use el ascensor durante una emergencia. Deje su equipaje en la habitación en caso de emergencia. Al llegar a la planta baja, salga al patio o a la calle. Luego pida ayuda a un empleado del hotel.

4 1. No se sienten en la cama. 2. Límpielo ahora. 3. No me las laven mañana. 4. Sírvannoslos. 5. No las sacuda antes de ponerlas. 6. Búsquenselas. 7. No lo despierten a las ocho. 8. No se la cambie por otra. 9. No se los pidan a Martín. 10. Díganselo hoy.

12.3 The present subjunctive

1 1. coman 2. estudiemos 3. mire 4. lean 5. escribas 6. pase

2 1. venga 2. ofrezca 3. almuercen 4. traduzca 5. conduzcas 6. ponga 7. traigas 8. vea 9. saquemos 10. hagan

3 1. Mi padre dice que es importante que yo esté contenta con mi trabajo. 2. Rosario cree que es bueno que la gente se vaya de vacaciones más a menudo. 3. Creo que es mejor que Elsa sea la encargada del proyecto. 4. Es importante que les des las gracias por el favor que te hicieron. 5. Él piensa que es malo que muchos estudiantes no sepan otras lenguas. 6. El director dice que es necesario que haya una reunión de la facultad.

4 1. Es importante que Nora piense las cosas antes de tomar una decisión. 2. Es necesario que entiendas la situación de esas personas. 3. Es bueno que Clara se sienta cómoda en el apartamento nuevo. 4. Es urgente que mi madre me muestre los papeles que llegaron. 5. Es mejor que David duerma antes de conducir la motocicleta. 6. Es malo que los niños les pidan tantos regalos a sus abuelos.

5 1. Sí, es necesario que traigan el pasaporte al aeropuerto./Sí, es necesario que traigamos el pasaporte al aeropuerto. 2. Sí, es urgente que hable con don Mario. 3. Sí, es bueno que David vaya a visitar a su abuela todas las semanas. 4. Sí, es importante que Mariana llame a Isabel para darle las gracias. 5. Sí, es mejor que Andrés sepa lo que le van a preguntar en el examen.

12.4 Subjunctive with verbs of will and influence

1 1. escojas 2. estudie 3. sea 4. viajen 5. salgamos 6. nos quedemos

2 Te sugiero que busques una casa en un barrio seguro. Te insisto en que mires los baños, la cocina y el sótano. Te recomiendo que compares los precios de varias casas antes de decidir. Te aconsejo que hables con los vecinos del barrio.

3 1. José le ruega que escriba esa carta de recomendación. 2. Les aconsejo que vivan en las afueras de la ciudad. 3. La directora les prohíbe que estacionen frente a la escuela. 4. Me sugieres que alquile un apartamento en el barrio.

4 1. Marina quiere que yo traiga la compra a casa. 2. Sonia y yo preferimos buscar la información en Internet. 3. El profesor desea que nosotros usemos el diccionario. 4. Ustedes necesitan escribir una carta al consulado. 5. Prefiero que Manuel vaya al apartamento por mí. 6. Ramón insiste en buscar las alfombras de la casa.

síntesis

Answers will vary.

panorama

1 1. Rubén Blades 2. el Canal de Panamá 3. molas 4. coral

2 1. La moneda de Panamá, que se llama el balboa, es equivalente al dólar estadounidense. 2. El Canal de Panamá, que une los océanos Atlántico y Pacífico, se empezó a construir en 1903. 3. La tribu indígena de los kuna, que hace molas, vive principalmente en las islas San Blas. 4. Panamá, que significa "lugar de muchos peces", es un sitio excelente para el buceo.

3 1. la Ciudad de Panamá 2. la Ciudad de Panamá, Colón y David 3. Costa Rica y Colombia 4. el mar Caribe 5. el océano Pacífico 6. el Canal de Panamá 7. las islas San Blas 8. Parque Nacional Marino Isla Bastimentos

4 1. Ciudad de Panamá 2. dólar estadounidense 3. el inglés 4. Atlántico, Pacífico 5. molas 6. ecológico

Paragraph for tourist brochure: Visite el país centroamericano, donde circulan los billetes de dólar estadounidense. Conozca a los panameños; la lengua natal del 14% de ellos es el inglés. Vaya al Canal de Panamá, que une los océanos Atlántico y Pacífico. Vea las molas que hace la tribu indígena kuna y decore la casa con ellas. Bucee en las playas de gran valor ecológico por la riqueza y diversidad de su vida marina.

5 1. Falso. Panamá tiene aproximadamente el tamaño de Carolina del Sur. 2. Cierto. 3. Falso. La lengua natal del 14% de los panameños es el inglés. 4. Cierto. 5. Falso. Las molas tradicionales antes sólo se usaban como ropa, pero hoy día también se usan para decorar las casas.

6 1. Claribel Alegría 2. Pacífico 3. La Libertad 4. surfing 5. El Trifinio 6. Guatemala, Honduras, El Salvador 7. árboles 8. sorpresas 9. dólar estadounidense 10. Soyapango

7 1. Falso. El Salvador es el país centroamericano más pequeño y el más densamente poblado. 2. Cierto. 3. Cierto. 4. Falso. La playa de La Libertad se ha convertido en un gran centro de surfing. 5. Falso. El Parque Nacional Montecristo recibe 200 centímetros de lluvia al año. 6. Cierto. 7. Cierto. 8. Falso. En El Salvador se hablan el español, el náhuatl y el lenca.

8 1. la Catedral Metropolitana de San Salvador 2. las ruinas de Tazumal

9 1. Son pequeñas piezas de cerámica. 2. Es una playa que está cerca de la capital. 3. Es una poeta y novelista salvadoreña. 4. Es la capital salvadoreña.

10 1. Pacífico 2. puma 3. Ilobasco 4. Honduras

repaso lecciones 10–12

1 1. ¿Cuánto tiempo hace que trabajas para tu padre en la tienda?; para 2. ¿Cuánto tiempo hace que pasaron por la casa de Javier y Olga?; por 3. ¿Cuánto tiempo hace que compraste una blusa para tu hermana?; para 4. ¿Cuánto tiempo hace que Ana estudia italiano por Internet?; por

2 1. usaba 2. viajó 3. llamó, dormía 4. jugaban, hablaban 5. veía, vino 6. saludaba, estacionó

3 1. Ayúdalos a traer la compra. 2. Practiquen el francés. 3. Búscame un reproductor de MP3 bueno. 4. Dígale lo que desea. 5. No sean malas personas. 6. Salga antes de las cinco. 7. Come frutas y verduras. 8. Pare en la esquina.

4 1. Rita prefiere que el apartamento tenga dos baños. 2. Es importante que las mujeres vean al doctor todos los años. 3. La enfermera sugiere que los pacientes hagan ejercicio.

5 1. se ven 2. se ofrece 3. se encuentra 4. se estableció/establecieron 5. se escucha 6. se baila 7. se hacen 8. se hablan

6 Answers will vary.

contextos

1 1. cielo 2. desierto 3. volcán 4. valle 5. selva 6. sendero

2 1. Para resolver el problema de la deforestación de los bosques, tenemos que prohibir que se corten los árboles en algunas regiones. 2. Para resolver el problema de la erosión de las montañas, tenemos que plantar muchos árboles. 3. Para resolver el problema de la falta de recursos naturales, tenemos que reciclar los envases y latas. 4. Para resolver el problema de la contaminación del aire en las ciudades, tenemos que controlar las emisiones de los coches. 5. Para resolver el problema de la contaminación nuclear tenemos que desarrollar fuentes de energía renovable.

3 1. conservar 2. evitar 3. mejorar 4. reducir 5. dejar de 6. contaminar

4 1. ambiente 2. animales 3. cráter 4. nubes 5. piedras 6. pájaro 7. ecología 8. cielo 9. pez 10. luna
Todas estas cosas forman parte de la **naturaleza.**

5 1. contaminación 2. resolver 3. respiramos 4. deforestación 5. árboles 6. población 7. mejorar
8. conservar 9. recurso natural 10. reducir/evitar 11. dejar de 12. evitar/reducir/resolver

estructura

13.1 The subjunctive with verbs of emotion

1 1. quiten 2. haya 3. estén 4. decidan 5. sea
6. mejore

2 1. Es triste que muchos ríos estén contaminados.
2. Es ridículo que algunas personas eviten reciclar. 3. Es una lástima que los turistas no recojan la basura. 4. Es extraño que la gente destruya el medio ambiente.

3 1. Ojalá que los países conserven sus recursos naturales. 2. Ojalá que este sendero nos lleve al cráter del volcán. 3. Ojalá que la población quiera cambiar las leyes de deforestación.
4. Ojalá que las personas reduzcan el uso de los carros en las ciudades. 5. Ojalá que todos nosotros sepamos resolver el problema del calentamiento global.

4 1. mi hermana salga los fines de semana 2. (yo) salga bien en el examen 3. la gente contamine el mundo en que vivimos 4. sus amigos se separen del sendero 5. tu novio espere mucho al ir de compras 6. las personas usen más agua de la necesaria 7. Roberto no sepa leer 8. los vecinos encuentren animales abandonados

5 1. Miguel se alegra de que sus amigos reciclen los periódicos y los envases. 2. Los turistas se sorprenden de que el país proteja tanto los parques naturales. 3. Maru teme que algunas personas cacen animales en peligro de extinción.
4. Don Diego siente que las playas de la ciudad estén contaminadas. 5. Felipe y sus amigos esperan que el gobierno desarrolle nuevos sistemas de energía. 6. A Jimena le gusta que mi primo recoja y cuide animales abandonados.

13.2 The subjunctive with doubt, disbelief, and denial

1 1. sea 2. hagamos 3. sepa 4. llegue 5. vengan
6. pague

2 1. Es probable que haya muchas vacas en los campos de la región. 2. Es posible que el agua de esos ríos esté contaminada. 3. Quizás ese sendero nos lleve al lago. 4. Es imposible que el gobierno proteja todos los peces del océano.
5. Es improbable que la población reduzca el uso de envases de plástico. 6. Tal vez el desierto sea un lugar mejor para visitar en invierno.

3 1. es 2. tiene 3. diga 4. debemos 5. puedan
6. quieras 7. busque

4 1. No estoy seguro de que a Mónica le gusten los perros. 2. Es verdad que Ramón duerme muchas horas todos los días. 3. Rita y Rosa niegan que gaste mucho cuando voy de compras.
4. No cabe duda de que el aire que respiramos está contaminado. 5. Es obvio que a Martín y a Viviana les encanta viajar. 6. Es probable que tengamos que reciclar todos los envases.

5 1. No es cierto que las matemáticas sean muy difíciles. 2. El presidente no niega que el problema del cambio climático es bastante complicado. 3. Ana duda que él vaya a terminar el trabajo a tiempo. 4. Mis amigos están seguros de que esa película es excelente. 5. No cabe duda de que el español se usa más y más cada día. 6. No es seguro que Lourdes y yo podamos ir a ayudarte esta tarde. 7. El maestro no cree que Marcos escriba muy bien en francés. 8. No es verdad que Pedro y Virginia nunca coman carne.

13.3 The subjunctive with conjunctions

1 1. llegue 2. haya 3. ayudes 4. venga 5. invite 6. compres 7. vea 8. den 9. leamos 10. sugieras

2 1. Me voy a poner ese/este abrigo hasta que el jefe me diga algo./Me lo voy a poner hasta que el jefe me diga algo. 2. Rubén va a buscar a Marta tan pronto como salga de clase. 3. Juan y Susana se van de viaje en cuanto tengan vacaciones. 4. Ellos van a invitarnos a su casa después de que nosotros los invitemos. 5. Ramón va a trabajar aquí hasta que su esposa se gradúe. 6. Tu hermana puede pasar por mi casa cuando quiera. 7. Voy a tomar las pastillas hasta que me sienta mejor. 8. Julia va

a reciclar estos envases tan pronto como regrese de vacaciones.

3 1. salga 2. termine 3. encontré 4. sea 5. llegues 6. recoja 7. entres 8. vea 9. fui 10. puedas

4 Answers will vary.

13.4 Past participles used as adjectives

1 1. aburrido 2. sentado 3. divertida 4. sorprendido 5. reciclados 6. muertos 7. contaminados 8. protegidos 9. hechos

2 1. están resueltos 2. está preparada 3. está vendida 4. está prohibido 5. está confirmada 6. están aburridos

3 1. El pavo está servido. 2. El dormitorio está desordenado. 3. La cama está hecha. 4. Las niñas están dormidas.

4 1. escrito 2. conocida 3. abierta/cerrada 4. desordenado 5. roto 6. muerto 7. puestos 8. hecha 9. cerradas/abiertas 10. sorprendido 11. resuelto

síntesis

Answers will vary.

panorama

1 1. Cierto. 2. Falso. La moneda de Colombia es el peso colombiano. 3. Falso. El Museo del Oro preserva orfebrería de la época precolombina. 4. Cierto. 5. Cierto. 6. Falso. Cartagena se conoce por el Festival Internacional de Música y el Festival Internacional de Cine.

2 1. cambies, pesos colombianos 2. conduzcas; Bogotá 3. nades; Caribe 4. veas; iglesias/monasterios/palacios; mansiones 5. vuelvas; los Andes 6. visites; orfebrería de la época precolombina 7. conozcas; Botero 8. leas; García Márquez

3 1. Bogotá 2. Cali 3. Cartagena (de Indias) 4. Medellín

4 Answers will vary. Suggested answers: 1. Colombia tiene tres veces el área de Montana. 2. Panamá conecta a Colombia con Centroamérica. 3. Dos artistas colombianos que conozco son Edgar Negret/Fernando Botero/Gabriel García Márquez y Shakira. 4. Las tribus indígenas tenían la creencia de que el oro era la expresión física de la energía creadora de los dioses. 5. El libro más conocido de Gabriel García Márquez es *Cien años de soledad*. 6. Las iglesias, monasterios, palacios y mansiones que se conservan en Cartagena son de la época colonial.

5 Answers will vary. Suggested answers: 1. Los jicaque, los misquito y los paya son pequeños grupos indígenas que han mantenido su cultura sin influencias exteriores y que no hablan español. 2. En Honduras se habla el español, lenguas indígenas y el inglés. 3. Argentina Díaz Lozano fue una escritora hondureña. 4. La cultura maya construyó la ciudad de Copán. 5. Las canchas de Copán eran para el juego de pelota. 6. La Standard Fruit Company pudo intervenir en la política hondureña debido al poder económico que tuvo en el país.

6 1. una de las ciudades principales 2. juez y presidente de Honduras 3. ruinas de una ciudad maya y zona arqueológica más importante de Honduras 4. templo que se encuentra en Copán 5. pintor primitivista hondureño 6. el producto principal de exportación en Honduras

7 1. Tegucigalpa 2. ciudades principales hondureñas 3. lempira 4. (ruinas de) Copán 5. Roberto Sosa 6. Nueva Orleans

8 1. Falso. Todavía hay pequeños grupos indígenas que no hablan español. 2. Falso. Aproximadamente en 400 d.C., la ciudad de Copán era muy grande. 3. Cierto. 4. Falso. La comercialización de bananas empezó en Nueva Orleans. 5. Cierto.

9 1. La Ceiba 2. Nicaragua 3. Tegucigalpa 4. Lago de Yojoa 5. Laguna de Caratasca 6. Santa Fe

contextos

1 1. cajero automático 2. cuenta de ahorros 3. cheque 4. cuenta corriente 5. firmar 6. depositar

2 1. frutería 2. carnicería 3. lavandería 4. banco 5. joyería 6. correo 7. zapatería 8. supermercado

3 Answers will vary. Suggested answers: 1. a plazos 2. al contado 3. con un préstamo 4. gratis 5. a plazos 6. gratis 7. al contado 8. a plazos/al contado 9. con un préstamo 10. al contado

4 1. supermercado 2. pescadería 3. panadería 4. frutería 5. lavandería 6. heladería 7. pastelería 8. joyería 9. carnicería 10. peluquería/salón de belleza

5 1. el estacionamiento (oeste) de la calle Miranda 2. la terminal 3. la Plaza Bolívar 4. la farmacia

estructura

14.1 The subjunctive in adjective clauses

1 1. tenga 2. pueda 3. muestre 4. funcione 5. sirva 6. usen 7. sean 8. encontremos

2 1. sea 2. es 3. está 4. esté 5. queda 6. quede 7. tenga 8. tiene 9. van 10. vaya

3 1. Maru no conoce a ningún chico que estudie medicina. 2. Los padres de Miguel no cuidan a ningún perro que proteja su casa. 3. Juan Carlos no tiene ningún pariente que escriba poemas. 4. Los Díaz no usan ningún coche que sea barato. 5. Don Diego no trabaja con nadie/ninguna persona que conozca a su padre. 6. Jimena no hace ningún plato mexicano que sea delicioso.

4 1. hay un buzón que está en la plaza Bolívar 2. no conozco a nadie que sea abogado de inmigración 3. veo a alguien aquí que estudia conmigo en la universidad 4. no hay ninguna panadería que venda pan caliente cerca de aquí 5. tengo una compañera que va a ese gimnasio 6. no conozco a nadie en la oficina que haga envíos a otros países

5 1. le gusta mucho 2. siempre nos digan la verdad 3. tiene muchos museos 4. abra hasta las doce de la noche

14.2 Nosotros/as commands

1 1. Limpiemos la casa hoy. 2. Vamos al dentista esta semana. 3. Depositemos el dinero en el banco. 4. Viajemos a Venezuela este invierno. 5. Salgamos a bailar este sábado. 6. Invitemos a los amigos de Ana.

2 1. Pasemos la aspiradora hoy. No pasemos la aspiradora hoy. 2. Pongamos la televisión. No pongamos la televisión. 3. Compartamos la comida. No compartamos la comida. 4. Hagamos las camas todos los días. No hagamos las camas todos los días.

3 1. Compremos zapatos italianos en el centro. 2. Conozcamos la historia del jazz. 3. Vámonos de vacaciones a las montañas. 4. Cortémonos el pelo en la peluquería de la calle Central. 5. Hagamos pasteles para los cumpleaños de nuestras amigas. 6. No salgamos de fiesta todas las noches. 7. Corramos al lado del río todas las mañanas. 8. No gastemos demasiado dinero en ropa.

4 Llenemos este formulario cuando solicitemos el préstamo. Ahorremos dinero todos los meses hasta que paguemos el préstamo. No cobremos los cheques que nos lleguen; depositémoslos en la cuenta corriente. Depositemos el dinero que nos regalen cuando nos casemos. Pidámosle prestado a mi padre un libro sobre cómo comprar una vivienda. Busquemos un apartamento que esté cerca de nuestros trabajos. No vayamos al trabajo mañana por la mañana; vamos al banco a hablar con un empleado.

14.3 The future

1 Answers may vary. Suggested answers: 1. Primero iremos a la peluquería. 2. Te compraré un helado. 3. Vendrá Carmen. 4. Volverán el domingo por la mañana.

2 1. seré 2. Descubriré 3. tendré 4. visitaremos 5. vendrás 6. abriré 7. tendrá 8. iré 9. lo recomendaré 10. podremos

3 1. Diego piensa que (ellos) estarán perdidos.
2. David piensa que Marcos vendrá pronto.
3. Carmen piensa que Marta tendrá problemas

con el tráfico. 4. Javier piensa que (ellos) trabajarán hasta tarde hoy.

4 Answers will vary.

síntesis

Answers will vary.

panorama

1 1. yanomami 2. Baruj Benacerraf 3. lago (de) Maracaibo 4. los Estados Unidos
5. cosmopolita 6. Parque Central 7. España/la Corona española 8. independentista

2 **Venezolanos famosos:** Rómulo Gallegos, Andrés Eloy Blanco, Teresa Carreño, Baruj Benacerraf
Principales ciudades venezolanas: Caracas, Maracaibo, Valencia, Barquisimeto, Maracay
Idiomas que se hablan en Venezuela: español, lenguas indígenas **Países del área liberada por Simón Bolívar:** Venezuela, Colombia, Ecuador, Perú, Bolivia

3 1. un indígena/indio yanomami 2. Teresa Carreño 3. Simón Bolívar 4. James C. Angel

4 Answers will vary. Suggested answers: 1. Es la moneda de Venezuela. 2. Cultura que tiene su centro en el sur de Venezuela, en el bosque tropical. Son cazadores y agricultores. Viven en comunidades de hasta 400 miembros. 3. Recibió el Premio Nobel por sus investigaciones sobre inmunología y las enfermedades autoinmunes. Nació en Caracas, vivió en París y ahora reside en los Estados Unidos.
4. Tiene debajo la mayor concentración de petróleo de Venezuela. 5. Las empresas petroleras venezolanas después de ser nacionalizadas y pasar a ser propiedad del estado. 6. Es la capital de Venezuela. Es una ciudad cosmopolita y moderna con rascacielos y excelentes sistemas de

transporte. 7. Es el corazón de la ciudad de Caracas, una zona de centros comerciales, tiendas, restaurantes y clubes. 8. General nacido en Caracas, llamado "El Libertador" porque fue el líder del movimiento independentista suramericano.

5 1. Lago de Maracaibo 2. Río Orinoco
3. Colombia 4. Caracas 5. Guyana 6. Brasil

6 1. Cierto. 2. Falso. La Fortaleza Ozama fue la primera fortaleza construida en las Américas. / La Fortaleza Ozama es la más vieja de las Américas. 3. Falso. Cuba y México fueron los primeros países hispanos en tener una liga de béisbol. 4. Cierto. 5. Cierto. 6. Falso. Entre 1930 y 1960, el merengue se popularizó en las ciudades y empezó a adoptar un tono más urbano. 7. Cierto. 8. Falso. La arquitectura de Santo Domingo es famosa por su belleza y por el buen estado de sus edificios.

7 1. español, criollo haitiano 2. Juan Pablo Duarte 3. Calle de las Damas 4. Caribe
5. Pedro Martínez 6. tambora 7. orquestas
8. Juan Luis Guerra

8 1. el merengue 2. Pedro Martínez / el béisbol
3. los palos 4. Catedral Santa María la Menor

9 1. béisbol 2. Ozama 3. saxofón 4. cantante
5. merengue 6. Haití 7. Alcázar 8. colonial

Workbook

contextos

1 1. activo 2. descafeinado 3. débil 4. engordar/aumentar de peso 5. estar a dieta 6. tranquilo 7. aliviar la tensión 8. en forma

2 1. estiramiento 2. descafeinadas 3. levantar pesas 4. teleadicto 5. Sudar 6. apurarse 7. masaje 8. drogadictos

3 1. hacer ejercicios de estiramiento 2. no consumir bebidas alcohólicas 3. llevar una vida sana 4. apurarse

4 **Bueno para la salud:** buena nutrición, comer comida sin grasa, dieta equilibrada, entrenarse, hacer ejercicios de estiramiento, hacer gimnasia, levantar pesas, llevar una vida sana, tomar vitaminas
Malo para la salud: colesterol, comer en exceso, consumir mucho alcohol, exceso de cafeína, fumar, llevar una vida sedentaria, ser un drogadicto, ser un teleadicto, sufrir muchas presiones

5 Answers may vary slightly. Suggested answers: 1. Ponte a dieta. 2. Levanta pesas. 3. Haz ejercicios aeróbicos. 4. Deja de fumar. 5. Entrénate (todos los días). 6. Come alimentos con más calorías./Come más.

6 1. proteínas 2. minerales 3. grasas 4. vitaminas/minerales 5. proteínas 6. grasas 7. vitaminas/minerales 8. vitaminas/minerales

estructura

15.1 The conditional

1 1. deberían 2. nos aconsejarías 3. empezaría 4. podríamos 5. Habría 6. harían 7. levantarían 8. podría 9. tendrías 10. te sentirías 11. evitaría 12. trataría 13. llevarían 14. se mantendrían

2 1. Answers may vary. Suggested answers: 1. Yo estudiaría como él pero también levantaría pesas. 2. Yo trabajaría tanto como él pero también sufriría presiones y necesitaría aliviar el estrés. 3. Yo tendría una dieta tan sana como ellos pero también me gustaría comer carne de vez en cuando. 4. Yo me mantendría activo/a como ella pero también descansaría más tiempo y saldría a pasear por el parque.

3 1. ¿Me traería una copa de vino, por favor? 2. ¿Llamarías a Marcos esta tarde, por favor? 3. ¿Me aconsejaría un gimnasio barato y cerca de mi casa, por favor? 4. ¿Pedirías una toalla más grande, por favor? 5. ¿Nos recomendaría un buen nutricionista, por favor? 6. ¿Me buscarías en mi casa a las ocho, por favor?

4 1. Lola pensó que Carlos tendría tiempo para entrenar con ella. 2. Lisa y David dijeron que (ellos) dejarían de fumar la próxima semana. 3. Marta creyó que su novio adelgazaría un poco antes de las vacaciones. 4. Yo imaginé que el gimnasio estaría cerrado los domingos.

15.2 The present perfect

1 1. han comido 2. He visto 3. han leído 4. ha tomado 5. Hemos ido 6. Has escrito

2 1. Luis y Marta han jugado a las cartas. 2. Víctor ha escuchado música. 3. (Tú) Has escrito postales/cartas/una carta. 4. Ricardo ha dormido. 5. (Yo) He buceado. 6. Claudia y yo hemos tomado el sol.

3 1. (Tú) Has conocido a varios bolivianos este año. 2. (Yo) He viajado por todos los Estados Unidos. 3. ¿(Ustedes) Han ido al museo de arte de Boston? 4. Virginia ha hecho trabajos muy buenos. 5. Los estudiantes han asistido a tres conferencias de ese escritor. 6. Mi madre y yo hemos puesto la mesa todos los días.

4 1. Pedro y Natalia todavía no nos han dado las gracias. 2. Los estudiantes todavía no han contestado la pregunta. 3. Mi amigo Pablo todavía no ha hecho ejercicio. 4. Esas chicas todavía no han levantado pesas. 5. Tú todavía no has estado a dieta. 6. Rosa y yo todavía no hemos sufrido muchas presiones.

15.3 The past perfect

1 1. había sido 2. había mirado 3. había comido 4. había pasado 5. habíamos encontrado 6. habíamos/había ido 7. había visto 8. había ido 9. habían quedado 10. había tenido

11. había lastimado 12. me había preocupado
13. había querido

2 1. Tu novia nunca antes había ido al gimnasio por la mañana. 2. Carmen nunca antes había corrido en el maratón de la ciudad. 3. Nunca antes había visitado los países de Suramérica. 4. Los estudiantes nunca antes habían escrito trabajos de veinte páginas. 5. Armando y Cecilia nunca antes habían esquiado en los Andes. 6. Luis y yo nunca antes habíamos tenido un perro en casa. 7. Nunca antes habías conducido el coche de tu papá. 8. Ramón y tú nunca antes nos habían preparado la cena.

síntesis

Answers will vary.

panorama

1 1. España y Francia 2. la tercera parte de la población 3. altiplano 4. peso boliviano 5. el español, el aimará y el quechua 6. lago Titicaca 7. 4.061 8. "Ciudad de los dioses" 9. los indígenas aimará/los aimará 10. La Puerta del Sol

2 1. Cierto. 2. Falso. Jesús Lara fue un escritor boliviano. 3. Falso. Bolivia no tiene costas (en el mar). 4. Falso. El lago Titicaca es el segundo lago más grande de Suramérica. 5. Falso. Según la mitología inca, los hijos del dios Sol fundaron su imperio. 6. Cierto. 7. Falso. Bolivia limita con Perú, Brasil, Paraguay, Argentina y Chile. 8. Cierto.

3 1. quechua y aimará 2. La Paz 3. Santa Cruz de la Sierra 4. Víctor Paz Estenssoro 5. música andina 6. los Kjarkas

4 1. Titicaca 2. Cochabamba 3. quechua 4. Casazola 5. Los Chaskis 6. Sucre 7. ceremonial 8. Kalasasaya

5 Answers will vary. Suggested answers: 1. El 90% de los paraguayos habla la lengua guaraní, que se usa con frecuencia en canciones, poemas, periódicos y libros. 2. El Teatro Guaraní se dedica a preservar la lengua y la cultura guaraníes. 3. Los encajes paraguayos se llaman ñandutí

3 1. Cuando Lourdes llamó a Carla, Carla ya había salido. 2. Cuando tu hermano volvió a casa, ya habías terminado de cenar. 3. Cuando llegué a la escuela, la clase ya había empezado. 4. Cuando ustedes nos buscaron en casa, ya habíamos salido. 5. Cuando salimos a la calle, ya había empezado a nevar. 6. Cuando ellos fueron al centro comercial, las tiendas ya habían cerrado. 7. Cuando Lilia y Juan encontraron las llaves, Raúl ya se había ido. 8. Cuando preparaste el almuerzo, yo ya había comido.

porque esa palabra en guaraní significa telaraña y porque los encajes imitan el trazado que crean los arácnidos. 4. Muchos turistas visitan la represa porque está cerca de las famosas Cataratas de Iguazú. 5. El río Paraná y el río Paraguay sirven de frontera entre Paraguay y Argentina. 6. El río Paraná tiene unos 3.200 km navegables, y por esta ruta pasan barcos de más de 5.000 toneladas que pueden ir desde el estuario del Río de la Plata hasta la ciudad de Asunción.

6 1. Asunción (vertical) 2. Itaipú (horizontal) 3. Lambaré (vertical) 4. ñandutí (horizontal) 5. Río de la Plata (horizontal) 6. Barrios (horizontal) 7. guaraní (horizontal) 8. Itauguá (vertical) 9. paraguaya (horizontal) 10. Argentina (vertical) 11. Paraná (horizontal) 12. Gran Chaco (horizontal)

7 1. Paraguay y Argentina 2. blanco 3. Itauguá 4. ocho años 5. 5.000

8 1. Cierto 2. Falso. Josefina Plá es una famosa escritora y ceramista del Paraguay. 3. Cierto. 4. Falso. Las Cataratas de Iguazú están cerca de la represa de Itaipú. 5. Falso. En la zona del Gran Chaco viven pocos habitantes.

9 1. Itapúa 2. La represa Itaipú

repaso lecciones 13–15

1 1. Jorge espera que su madre vaya al gimnasio pronto. 2. No negamos que la clase de matemáticas es difícil. 3. Es imposible que una casa nueva cueste tanto dinero. 4. Ustedes se alegran de que la fiesta se celebre cerca de su casa. 5. Es una lástima que Laura no pueda venir con nosotros.

2 1. (No) Pongamos todos los documentos en el archivo. 2. (No) Tomemos dos horas para almorzar. 3. Trabajemos horas extra si es necesario. 4. Lleguemos a tiempo por las mañanas. 5. Seamos amables con los clientes.

3 1. se vaya 2. suena 3. sea 4. oye 5. llames 6. diga

4 1. ha dado 2. habíamos pasado 3. he estudiado 4. han leído 5. había oído 6. han estado

5 1. hechos 2. escrita 3. descubierto 4. Nacido 5. convertido 6. visitados 7. ayudado 8. mantenido 9. conocida 10. usado

6 Answers will vary.

Video Manual: *Fotonovela*

Lección 1

1 Answers will vary.

2 1. Qué 2. Son 3. señora 4. llamo 5. Cómo 6. gusto 7. mío 8. está 9. usted 10. gracias 11. dos 12. permiso

3 1. cierto 2. falso 3. cierto 4. cierto 5. falso 6. falso

4 1. Sra. Díaz/Carolina 2. Felipe 3. don Diego 4. Felipe 5. Sr. Díaz/Roberto 6. Felipe 7. Marissa 8. Sra. Díaz/Carolina 9. don Diego 10. Sra. Díaz/Carolina 11. Jimena 12. don Diego 13. Jimena 14. Marissa 15. Sr. Díaz/Roberto

5 Answers will vary.

6 Answers will vary.

Lección 2

1 Answers will vary.

2 1. Marissa; Felipe 2. Felipe; Marissa 3. Marissa; Miguel 4. Miguel; Marissa 5. Miguel; Maru

3 Check marks: 1, 3, 4, 5, 7, 8, 11, 12

4 1. estudiar 2. clases 3. especialización 4. historia del arte 5. dibujar 6. habla 7. profesor 8. ventanas 9. entre 10. habla

5 1. Marissa 2. Juan Carlos 3. Miguel 4. de la ventana 5. Juan Carlos 6. historia 7. Miguel 8. inglés

6 1. Marissa: arqueología; Me gusta mucho la cultura mexicana.; cuatro clases 2. Felipe: Ésta es la Ciudad de México.; Y sin diccionario.; Te gusta la tarea. 3. Juan Carlos: ¿Por qué tomo química y computación?; Buenos Aires; ciencias ambientales 4. Maru: Hola, mamá, ¿cómo estás?; ¿A la biblioteca?

7 Answers will vary.

Lección 3

1 Answers will vary.

2 1. tiene 2. bonitas 3. hermana 4. gordo 5. trabajadora 6. vive

3 Check marks: 1, 3, 5, 6, 7, 9, 11

4 1. cierto 2. falso 3. falso 4. cierto 5. cierto

5 1. c 2. d 3. a 4. b 5. c 6. a 7. d 8. c

6 1. Marissa tiene tres hermanos. 2. Valentina tiene doce años. 3. La Sra. Díaz es hija única. 4. El hermano de Jimena se llama Felipe. 5. El padre de Felipe se llama Roberto.

7 Answers will vary.

Lección 4

1 Answers will vary.

2 1. nadar 2. juega 3. vamos 4. perdemos

3 Check marks: 1, 3, 6, 7

4 1. piscina 2. montañas 3. pasatiempos 4. museos 5. parque 6. restaurantes 7. almorzar 8. nadan

5 1. perder 2. cenotes 3. centro 4. fines 5. plaza 6. favorito 7. jugar 8. pelota 9. almorzar 10. montañas 11. fútbol 12. pasatiempos

6 Answers will vary.

7 Answers will vary.

Lección 5

1 Answers will vary.

2 1. Maite Fuentes 2. (tía) Ana María 3. Maru 4. empleado 5. Felipe

3 Check marks: 2, 5, 6, 9, 10, 11, 12

4 1. estación de autobuses 2. reservación 3. habitaciones 4. amables 5. cansada

5 1. Cierto. 2. Falso. Maru y Jimena hablan con un empleado del hotel. 3. Cierto. 4. Cierto. 5. Falso. Felipe dice que el hotel es limpio y cómodo. 6. Falso. Jimena dice que estudiar en la playa es muy aburrido.

6 Answers will vary.

7 Answers will vary.

Lección 6

1 Answers will vary.

2 a. 6 b. 1 c. 2 d. 4 e. 3 f. 5

3 Check marks: 2, 3, 5, 6

4 1. Miguel 2. Marissa 3. Miguel 4. Don Guillermo 5. Marissa

5 1. regatear 2. mercado 3. azul 4. novia 5. camisetas 6. en efectivo

6 1. Jimena dice que la ropa del mercado es muy bonita. 2. Marissa usa la talla 4. 3. Maru compró una bolsa. 4. Miguel compró unos aretes para Maru.

7 Answers will vary.

Lección 7

1 Answers will vary.

2 1. Marissa 2. Felipe 3. Marissa 4. Marissa
5. Felipe

3 a. 6 b. 3 c. 1 d. 5 e. 4 f. 2

4 1. baño 2. lavando 3. Nadie 4. afeitaste
5. música

5 1. Jimena se está lavando la cara. 2. Jimena quiere maquillarse primero porque va a encontrarse con su amiga Elena en una hora. 3. Felipe se quiere afeitar porque va a ir con Juan Carlos a un café. 4. Es muy divertido. Siempre hay música en vivo y muchas chicas. 5. Marissa quiere arreglarse porque va a ir al cine con unas amigas. 6. Cuando fueron a Mérida.

6 Answers will vary.

7 Answers will vary.

Lección 8

1 Answers will vary.

2 1. camarero 2. Maru 3. Miguel 4. Felipe
5. Juan Carlos

3 a. 3 b. 1 c. 2 d. 4

4 1. recomiendas 2. entremés 3. deliciosos
4. pidió 5. tantos; como

5 1. Maru 2. camarero 3. Felipe 4. Juan Carlos
5. gerente

6 1. Miguel le dice a Maru que las chuletas de cerdo se ven muy buenas. 2. De beber, Maru pide vino blanco y Miguel pide cerveza. 3. El entremés es ceviche de camarones con limón y cilantro./El plato principal es bistec con verduras a la plancha.
4. Maru pide el jamón con espárragos. 5. Felipe dice que los champiñones saben a mantequilla.
6. Felipe dice que es el peor camarero del mundo.

7 Answers will vary.

Lección 9

1 Answers will vary.

2 a. 3 b. 5 c. 2 d. 1 e. 4

3 Check marks: 2, 4, 5, 7, 8, 11

4 1. Marissa 2. Maite Fuentes 3. don Diego
4. tía Ana María

5 1. El Día de Muertos se celebra con flores, calaveras de azúcar, música y comida. 2. El mole siempre fue el plato favorito del papá de la tía Ana María. 3. Jimena intentó preparar mole

para la fiesta de aniversario de sus papás. 4. La tía Ana María se casó con un doctor que trabaja muchísimo. 5. Felipe y su papá prepararon una sorpresa para la familia. 6. A Valentina le gustan las galletas.

6 Answers will vary.

7 Answers will vary.

Lección 10

1 Answers will vary.

2 1. Dr. Meléndez 2. Elena 3. Jimena
4. Dr. Meléndez 5. Jimena

3 Check marks: 1, 2, 3, 4, 5, 7, 9, 10

4 1. don Diego; garganta 2. Dr. Meléndez; síntomas
3. Jimena; tos 4. Elena; rompí 5. Sra. Díaz; fiebre

5 1. b 2. d 3. a 4. a 5. b 6. d

6 1. No, Jimena no tiene fiebre y no está mareada.
2. Hace dos días que a Jimena le duele la garganta y empezó a toser esta mañana. 3. Según don Diego, lo mejor para los dolores de cabeza es un vaso con/de agua y una aspirina. 4. Elena se rompió el brazo dos veces. 5. Le daban miel con canela cuando le dolía la garganta.

7 Answers will vary.

Lección 11

1 Answers will vary.

2 Check marks: 2, 3, 5, 6, 7, 9, 10

3 Check marks: 1, 2, 3, 5, 9

4 1. Jorge 2. Maru 3. Miguel 4. Jorge 5. Maru

5 1. Miguel le llevó su coche a Jorge, el mecánico.
2. La computadora de Maru está descompuesta.
3. Jorge tiene problemas para arreglar el coche de Miguel. 4. Se le acabó la pila al teléfono celular de Maru. 5. Maru necesita una computadora nueva y Miguel necesita un coche nuevo. 6. Jorge le dice a Miguel que revise el aceite cada mil quinientos kilómetros.

6 Answers will vary.

7 Answers will vary.

Lección 12

1 Answers will vary.

2 1. falso 2. cierto 3. falso 4. falso 5. cierto

3 Check marks: 1, 4, 5, 7, 9

4 a. 4 b. 5 c. 3 d. 1 e. 2

Video Manual: *Fotonovela*

Answers to **Fotonovela** Video Activities | **37**

5 1. c 2. b 3. a 4. c 5. c

6 1. Según el Sr. Díaz, Jimena y Felipe deben preparar la cena para las ocho y media. 2. Sus padres les piden a Marissa y a sus hermanos que ayuden con los quehaceres. 3. Juan Carlos y Felipe se sientan en el sofá para ver el partido de fútbol. 4. Felipe cambia la bolsa de la aspiradora. 5. La Sra. Díaz dice "¡Qué bonita está la casa!" cuando ve el apartamento limpio.

7 Answers will vary.

Lección 13

1 Answers will vary.

2 Check marks: 1, 2, 4

3 Check marks: 2, 3, 5, 6

4 1. Marissa; selva 2. Juan Carlos; creer 3. Felipe; recursos naturales 4. guía; plantas 5. Felipe; río

5 1. Cierto. 2. Cierto. 3. Falso. Según la guía, hay compañías que contaminaron la selva. 4. Falso. Felipe y Juan Carlos estaban muy emocionados porque iban a conocer la selva. 5. Falso. Marissa y Jimena aprendieron las normas que existen para proteger a las tortugas.

6 1. Jimena cree que es el último viaje del año porque todos van a estar muy ocupados las próximas semanas. 2. Juan Carlos y Felipe estaban emocionados porque iban a conocer la selva y aprender sobre los recursos naturales y la conservación del medio ambiente. 3. Juan Carlos y Felipe se separaron del grupo porque querían tomar fotos/para tomar fotos. 4. No, Marissa no cree la historia de Felipe. 5. Según Jimena, afortunadamente la población de tortugas está aumentando.

7 Answers will vary.

Lección 14

1 Answers will vary.

2 a. 3 b. 5 c. 2 d. 1 e. 4

3 1. banco 2. mandarlo 3. diligencias 4. estacionamiento 5. dobla

4 1. Miguel 2. Maru 3. Mónica 4. Maru 5. Mónica

5 1. a 2. c 3. b 4. c 5. a 6. b

6 Answers will vary.

7 Answers will vary.

Lección 15

1 Answers will vary.

2 1. Marissa 2. Felipe 3. Jimena 4. Juan Carlos 5. Felipe

3 1. Ha estado 2. sedentarios 3. ha invitado 4. aliviar el estrés 5. bienestar

4 a. 2 b. 1 c. 4 d. 3

5 1. Falso. Felipe quería regresar a Chichén Itzá desde que leyó el Chilam Balam. 2. Cierto. 3. Falso. Según Felipe, algunos dicen que los mayas inventaron el fútbol. 4. Falso. Jimena dice que ha sufrido muchas presiones en la universidad últimamente. 5. Cierto.

6 Answers will vary.

7 Answers will vary.

Answers to **Fotonovela** Video Activities

answers to *panorama cultural* video activities

Lección 1
PANORAMA: LOS ESTADOS UNIDOS

2 Answers will vary.

3 Check marks: 1, 2, 3, 4, 6, 7, 8, 10

4 Answers will vary. Possible answers: 1. En Estados Unidos hay más de 32 millones de hispanos. 2. La mayoría de los hispanos en Estados Unidos son de México, Puerto Rico, Cuba y la República Dominicana. 3. Pedro Martínez y Manny Ramírez son dos beisbolistas dominicanos. 4. En el estado de Nueva York hay muchas discotecas y estaciones de radio hispanas. 5. WADO y Latino Mix son dos de las estaciones de radio hispanas más populares en Manhattan. 6. Sí. Julia Álvarez es una escritora dominicana.

Lección 1
PANORAMA: CANADÁ

2 Answers will vary.

3 Check marks: 1, 2, 4, 5, 7, 8

4 1. Falso. La mayoría de los hispanos en Montreal son de nacionalidad mexicana, chilena o salvadoreña. 2. Falso. En Montreal hay canales de televisión en español. 3. Cierto 4. Cierto. 5. Falso. Ella vive con sus dos hijas en un apartamento en Montreal. 6. Falso. Ella pasa muchas horas en el laboratorio. 7. Falso. En su casa mantienen muchas tradiciones bolivianas. 8. Cierto.

Lección 2
PANORAMA: ESPAÑA

2 Answers will vary.

3 a. 2 b. 1 c. 4 d. 3 e. 5

4 Answers will vary. Possible answers: 1. encierros 2. comparsas

5 1. ferias 2. comparsas 3. antiguas 4. fiestas 5. pañuelos 6. toros 7. mitad 8. encierros 9. gigantes 10. calles 11. cabezas

Lección 3
PANORAMA: ECUADOR

2 Answers will vary. Possible answers: Es una tortuga grande./Es una tortuga gigante./Es una tortuga de las Islas Galápagos./La tortuga gigante vive en las Islas Galápagos.

3 Answers will vary.

4 1. d 2. h 3. f 4. g 5. c 6. b 7. e 8. a 9. i

5 Check marks: 1, 3, 4, 6, 8, 9, 10, 11

6 1. Las islas Galápagos están en el océano Pacífico. 2. Los científicos que viven en las islas estudian la diversa fauna y flora del archipiélago. 3. Los turistas observan a los animales, toman fotografías, escuchan a los guías y aprenden la importancia de los recursos naturales del archipiélago. 4. La Fundación Charles Darwin tiene proyectos para la conservación del ecosistema de todo el archipiélago. 5. Las tortugas son los animales más grandes que viven en el archipiélago/las islas. 6. Answers will vary. Possible answer: Estas islas tienen una fauna y flora muy diversa.

7 Answers will vary.

Lección 4
PANORAMA: MÉXICO

2 Answers will vary. Possible answer: The equinox happens twice a year, one day in the fall and one day in the spring. On these days, the length of day and night is equal because of the orbit of the Earth rotating on its axis around the sun.

3 **Lugares:** capital mexicana, ciudad, Latinoamérica, Teotihuacán, Valle de México. **Personas:** gente, hombres, jóvenes, mexicanos, mujeres, niños. **Verbos:** celebrar, escalar, hacen, tienen, van. **Adjetivos:** arqueológicos, importante, increíble, interesante, moderno.

4 Check marks: 1, 4, 5, 7

5 1. la capital mexicana 2. la celebración del equinoccio 3. sentir, manos 4. muy interesante 5. pasean

6 1. Falso. Las pirámides de Teotihuacán están en el Valle de México. 2. Cierto. 3. Cierto. 4. Falso. La gente prefiere ir a Teotihuacán en los días de fiesta. 5. Falso. La celebración del equinoccio empieza a las cinco de la mañana. 6. Falso. Las personas celebran la energía que reciben del sol todas las mañanas.

7 Answers will vary.

Lección 5
PANORAMA: PUERTO RICO

2 Answers will vary.

3 Check marks: 3, 4, 5, 7, 8, 10, 11, 12, 13, 15

4 1. El Viejo San Juan es el barrio más antiguo de

Answers to **Panorama cultural** Video Activities | **39**

la capital. 2. El Viejo San Juan es el centro artístico y cultural de Puerto Rico. 3. Muchos artistas locales venden sus creaciones en las calles. 4. En enero se celebra la Fiesta de la Calle San Sebastián con conciertos, exposiciones especiales de arte y un carnaval. 5. En el Museo de las Américas presentan exposiciones relacionadas con la historia de Latinoamérica. 6. Todos los años, más de un millón de visitantes llegan al Centro de Información de Turismo del Viejo San Juan.

5 1. capital 2. coloniales 3. esculturas 4. promociona 5. galerías 6. exposición

6 Answers will vary.

Lección 6
PANORAMA: CUBA

2 Answers will vary.

3 Check marks: 1, 6, 7, 8, 9

4 1. La santería es una práctica religiosa animista muy común en países latinoamericanos./Es una de las tradiciones cubanas más antiguas. 2. Los santeros son las personas que practican la santería. 3. En las tiendas de santería venden instrumentos de música, imágenes y muchas otras cosas relacionadas con esta práctica. 4. Las personas visitan a los santeros para conversar con ellos/para preguntarles por el futuro y por las relaciones sentimentales/para buscar soluciones a sus problemas. 5. Los Eggún son los hombres y mujeres importantes en la santería. 6. Cuando van a las casas de las personas, los Eggún, las familias y sus amigos bailan música tradicional.

5 1. Falso. Cada diez minutos sale un barco de La Habana con destino a Regla. 2. Cierto. 3. Cierto. 4. Falso. Los santeros son personas importantes en su comunidad. 5. Cierto.

6 Answers will vary.

Lección 7
PANORAMA: PERÚ

2 Answers will vary.

3 Answers will vary.

4 1. Cierto. 2. Falso. El *sandboard* es un deporte nuevo en Perú. 3. Falso. *El sandboard* se practica en Ocucaje porque allí hay grandes dunas. 4. Cierto. 5. Falso. El camino Inca se puede completar en tres o cuatro días. 6. Cierto.

5 1. aventura 2. kilómetros 3. exuberante 4. pesca 5. llamas 6. excursión

6 Answers will vary.

Lección 8
PANORAMA: GUATEMALA

2 Answers will vary.

3 **Lugares:** calles, iglesias, mercado, monasterios, región **Personas:** habitantes, indígenas, mujeres **Verbos:** conocer, quieres, sentir **Adjetivos:** bonitas, colonial, espectaculares, grandes, vieja

4 Check marks: 1, 2, 4, 5, 6, 8, 9

5 1. alfombras 2. aire libre 3. fijo 4. regatear 5. atmósfera 6. indígenas

6 1. Cierto. 2. Cierto 3. Falso. En esta celebración muchas personas se visten con ropa de color morado. 4. Falso. En Antigua (todavía) hay ruinas de la vieja capital/hay muchas iglesias y monasterios de arquitectura colonial/se puede sentir la atmósfera del pasado. 5. Falso. Chichicastenango es más pequeña que Antigua. 6. Falso. Muchas iglesias y monasterios sobrevivieron al terremoto.

7 Answers will vary.

Lección 9
PANORAMA: CHILE

2 Answers will vary.

3 Answers will vary.

4 1. indígena 2. remoto 3. recursos 4. llega 5. característico 6. repartidas 7. atracción 8. escalan

5 Answers will vary.

Lección 10
PANORAMA: COSTA RICA

2 Answers will vary.

3 **Lugares:** bosque, Monteverde, playa, pueblos, Tortuguero **Personas:** guía, turistas, visitantes **Verbos:** entrar, pedir, permite, sacar **Adjetivos:** diferentes, exóticas, frágil, hermosos, nuboso

4 Check marks: 1, 4, 5, 6

5 1. conservan 2. entrar 3. acampan 4. prefieren 5. prohíbe

6 Answers will vary.

Video Manual: *Panorama cultural*

PANORAMA: NICARAGUA

2 **Lugares:** capital, laguna, pueblo, región
Personas: autoridades, habitantes, políticos
Verbos: bailan, creían, deriva, significan, venden
Adjetivos: artesanales, enojados, extensas, famosa, políticos, reciente, tradicionales

3 Check marks: 1, 2, 3, 6, 7, 10, 11, 12

4 1. e 2. b 3. d 4. c 5. a

5 1. El pueblo donde está situada la laguna de Masaya se llama Masaya. 2. El nombre Masaya se deriva de las palabras indígenas *mazalt* y *yan*. 3. La fiesta más importante que se celebra en Masaya es la fiesta de(l) Torovenado. 4. Los habitantes se burlan de los políticos, las autoridades y la gente famosa. 5. A Masaya se le conoce como la capital del folclor nicaragüense por ser el centro más importante de artesanías del país. 6. Además de frutas y verduras, en el mercado venden muchos tipos de obras artesanales.

6 Answers will vary.

Lección 11
PANORAMA: ARGENTINA

2 1. exponen 2. cantante 3. pasos 4. género 5. surgió 6. salones de baile 7. extrañan

3 Check marks: 1, 2, 4, 6, 7, 8, 9, 10, 12

4 1. Falso. Alio dibuja en el suelo una gráfica para enseñar a bailar. 2. Cierto. 3. Falso. Alio es un artista que baila y pinta al mismo tiempo. 4. Falso. Alio pone pintura negra y su pareja pone pintura roja en sus zapatos. 5. Cierto. 6. Cierto.

5 1. género 2. surgió 3. Actualmente 4. toca 5. compositor 6. homenaje

6 Answers will vary.

PANORAMA: URUGUAY

2 Answers will vary.

3 1. ranchos ganaderos con pequeños hoteles.
2. las personas que trabajan/viven en los ranchos.
3. una tradición en la que los participantes tienen que montar a caballo por varios días hasta un lugar en específico. 4. espectáculos del deporte de montar a caballo.

4 Answers will vary.

5 Answers will vary.

6 Answers will vary.

Lección 12
PANORAMA: PANAMÁ

2 Answers will vary.

3 a. 1 b. 3 c. 2

4 1. b 2. d 3. f 4. e 5. c

5 Answers may vary. Suggested answers: 1. Panamá tiene archipiélagos en el océano Pacífico y en el mar Caribe. 2. Las Perlas es un buen lugar para bucear porque allí hay miles de especies tropicales de peces y muchos arrecifes de corales, y siempre hace mucho calor. 3. Los turistas llegan a la isla Contadora por barco o por avión. 4. Los indígenas kuna viven en las islas San Blas. 5. Los mejores deportistas de surfing del mundo van a Santa Catarina.

6 Answers will vary.

PANORAMA: EL SALVADOR

2 **Lugares:** catedrales, ciudades, mercados, plazas, restaurantes, Valle de México. **Comida:** arepas, cebolla, maíz, postre, queso, tamales **Verbos:** comenzaron, usa, venden, vivían **Adjetivos:** buena, centrales, comerciales, importante, tradicionales

3 Check marks: 2, 3, 4, 6, 8, 9, 11, 12, 13

4 1. maíz 2. postre 3. pupusas 4. aceite 5. fuente 6. símbolo

5 Answers will vary.

6 Answers will vary.

Lección 13
PANORAMA: COLOMBIA

2 1. Se llama el Carnaval de Barranquilla. 2. Vive en el Parque Nevado del Huila.

3 1. a 2. c 3. d 4. b 5. e 6. f

4 1. flor 2. el cóndor 3. Amazonas 4. reserva 5. campesinos 6. carrozas

5 Answers will vary.

PANORAMA: HONDURAS

2 Answer will vary.

3 Check marks: 3, 5, 7, 8, 9, 10

Answers to **Panorama cultural** Video Activities

41

Video Manual: *Panorama cultural*

4 1. d 2. b 3. c 4. c 5. a 6. c 7. a 8. c

5 Answers will vary.

6 Answer will vary.

Lección 14
PANORAMA: VENEZUELA

2 Answers will vary.

3 Check marks: 1, 4, 6, 8, 9, 10, 11, 12

4 1. Falso. Porlamar es la capital comercial de isla Margarita. 2. Cierto. 3. Cierto. 4. Cierto. 5. Falso. Según la mitología piaroa, el tepuy Autana representa el árbol de la vida/el lugar de donde salieron todos los recursos naturales. 6. Falso. La isla Margarita es conocida como la Perla del Caribe.

5 1. fuertes 2. islas 3. marina 4. clase 5. verticales, planas 6. teleférico

6 Answers will vary.

PANORAMA: LA REPÚBLICA DOMINICANA

2 Answers will vary.

3 Check marks: 1, 3, 4, 6, 7, 9, 10

4 1. música 2. calles 3. África 4. merengue 5. independencia 6. muy

5 1. d 2. a 3. e 4. b 5. c

6 3. Los ritmos más populares de la República Dominicana, la bachata y el merengue, son producto de varias culturas y forman parte integral de la vida de los dominicanos.

7 Answers will vary.

Lección 15
PANORAMA: BOLIVIA

2 Answers will vary.

3 Answers will vary.

4 Check marks: 1, 3, 4, 7, 8, 10, 11, 12

5 1. sur 2. buena 3. malo 4. estrés 5. conservar 6. desierto

6 Answers will vary.

PANORAMA: PARAGUAY

2 Answer will vary.

3 a. 8 b. 3 c. 7 d. 10 e. 2 f. 9 g. 6 h. 4 i. 1 j. 5

4 Answers will vary.

5 Answers will vary. Possible answers: 1. El mate es una bebida que se hace con las hojas de la yerba mate. 2. El mate es típico en Paraguay, Argentina y Uruguay. 3. Lo usaban para asegurar la salud, la vitalidad y la longevidad de su tribu. 4. Hoy en día el mate se usa como fuente de energía y como suplemento alimenticio por personas que quieren adelgazar. 5. Durante la colonia, era ilegal tomar mate porque se temían sus efectos estimulantes. 6. El mate es amargo y tiene vitaminas, minerales y antioxidantes.

6 Answers will vary.

answers to *flash cultura* video activities

Lección 1

1 1. Y tú, ¿cómo estás? 2. ¿De dónde eres?

2 Answers will vary.

3 1. Cómo estás 2. bueno 3. Cómo 4. Muy bien
5. amigo 6. tal 7. llamas 8. Mucho gusto

4 a. 4 b. 3 c. 2 d. 1 e. 5

5 **Two long-time friends at a plaza: 1, 2, 4 People
meeting for the first time: 3, 4, 5**

6 Answers will vary.

7 Answers will vary.

Lección 2

2 Answers will vary.

3 1. Cómo 2. Historia 3. Historia 4. eres
5. UNAM 6. español

4 1. Ciencias Sociales 2. Ciencias Biológicas y de
la Salud 3. Humanidades

5 1. México, D.F. 2. universidad 3. autobuses
4. estudiantes 5. estudio 6. ex alumno

6 Answers will vary.

Lección 3

2 Answers will vary.

3 Los Valdivieso: 1, 3, 4, 5 Los Bolaños: 2, 3, 4, 6

4 1. d 2. a 3. c

5 1. Cierto 2. Falso 3. Falso 4. Cierto 5. Falso

6 Answers will vary.

7 Answers will vary.

Lección 4

2 Answers will vary.

3 Check marks: a, b, e, g

4 1. Barça 2. no corresponde 3. Real Madrid

5 1. aficionados al fútbol 2. brasileños 3. Red
Sox 4. guapo

6 Answers will vary.

7 Answers will vary. Sample answers: 1. ¿Dónde
vives ahora? 2. ¿Cuál es tu equipo favorito?
3. ¿Es importante el fútbol en España? 4. ¿Te
gustan los churros? 5. ¿Qué planes tienes este
fin de semana?

Lección 5

2 1. obra; selva 2. cultivo 3. disfrutar 4. subir

3 Answers will vary.

4 1. española 2. aislada 3. montaña 4. selva

5 1. e 2. b 3. c 4. a

6 1. Falso 2. Falso 3. Cierto 4. Falso 5. Cierto

7 Answers will vary.

Lección 6

2 Answers will vary.

3 1. c 2. e 3. b

4 1. Cuánto 2. colones 3. descuento 4. Vale
5. cuarenta

5 a. 5 b. 2 c. 1 d. 3 e. 4

6 Answers will vary.

7 Answers will vary.

Lección 7

2 1. porciones de comida 2. caracoles 3. tortillas
de patata/escalivadas 4. informales 5. única

3 Answers will vary.

4 1. cierto 2. cierto 3. falso 4. cierto 5. falso

5 1. tomar 2. después 3. tengo 4. aquí 5. viene

6 1. cierto 2. cierto 3. falso 4. falso 5. cierto
6. falso

7 Answers will vary.

Lección 8

2 Answers will vary.

3 1. comiendo 2. plato 3. frijoles 4. arroz
5. menú 6. encanta

4 a. 3 b. 4 c. 2 d. 1 e. 5

5 1. b 2. e 3. d 4. c 5. a

6 Answers will vary.

Lección 9

2 1. Día de Reyes 2. artesanos 3. santos de palo
4. parranda

3 Answers will vary.

4 a. 5 b. 1 c. 2 d. 4 e. 3

5 1. b 2. d 3. c 4. a

6 1. falso 2. cierto 3. falso 4. falso 5. cierto
6. cierto

7 Answers will vary.

Lección 10

2 Answers will vary.

3 1. b 2. e 3. d

4 1. guardia 2. alergia 3. espalda 4. chocó
5. golpeada

5 a. 3 b. 2 c. 5 d. 1 e. 4

6 Answers will vary.

7 Answers will vary.

Lección 11

2   1. masificación   2. desarrollo   3. usuarios
4. mejorar   5. al extranjero

3   Answers will vary.

4   1. computadora   2. (e-)mail   3. ecuatoriano
4. parece   5. Internet   6. nadie

5   1. b/c   2. d   3. c

6   1. falso   2. cierto   3. falso   4. cierto   5. cierto
6. falso

7   Answers will vary.

8   Answers will vary.

Lección 12

2   1. las muletas/la muleta   2. la urna   3. el retrato
4. contar con   5. el recorrido   6. convertirse en

3   Answers will vary.

4   **La cocina:** 1, 4, 6   **La habitación:** 2, 3, 5

5   1. c   2. b   3. e   4. d

6   a. 5   b. 1   c. 6   d. 3   e. 4   f. 2

7   Answers will vary.

Lección 13

2   1. ruidos/rugidos   2. piso   3. faldas
4. derramada   5. milagro

3   Answers will vary.

4   Check marks: 2, 3, 5, 7

5   1. volcán   2. activos   3. piedras   4. se escucha
5. viento   6. erupción

6   a. 5   b. 1   c. 6   d. 3   e. 4   f. 2

7   Answers will vary.

8   Answers will vary.

Lección 14

2   1. camión   2. recorren   3. repartidas   4. ubicado
5. gratuito

3   Answers will vary.

4   1. c   2. a   3. e

5   Check marks: 2, 3, 5, 7, 8

6   1. falso   2. falso   3. cierto   4. cierto

7   Answers will vary.

Lección 15

2   1. judía   2. descanso   3. retirarse   4. madrileños

3   Answers will vary.

4   1. perro   2. estrés   3. relajarte   4. llevadero
5. posible   6. paseo

5   1. b   2. e   3. c

6   Answers may vary. Sample answers: 1. el ruido, el
tráfico, la congestión, las colas   2. los espectáculos,
el parque (del Retiro), los baños árabes   3. Es un
perro. Su dueño opina que el perro hace la vida
más agradable y llevadera.   4. trotar, recibir masajes,
remar, hacer gimnasia   5. Tiene tres salas.

7   Answers will vary.

contextos

1 1. *Leave-taking* 2. *Introduction* 3. *Greeting* 4. *Greeting* 5. *Leave-taking* 6. *Introduction*
2 a. 2 b. 3 c. 1

pronunciación

3 1. Gonzalo Salazar. 2. Filomena Díaz. 3. Cecilia Romero. 4. Francisco Lozano. 5. Jorge Quintana.
6. María Inés Peña.

estructura

1.1 Nouns and articles

1 1. *feminine* 2. *masculine* 3. *feminine* 4. *masculine* 5. *masculine* 6. *masculine* 7. *feminine* 8. *feminine*
4 un diccionario, un **diario, unos** cuadernos, **un** mapa de **México, unos** lápices

1.2 Numbers 0–30

1 **Juego 1:** *The following numbers should be marked*: 3, 5, 25, 6, 17, 12, 21
Juego 2: *The following numbers should be marked*: 0, 30, 10, 2, 16, 19, 28, 22
3 1. 19 + 11 = 30   2. 15 − 5 = 10   3. 8 + 17 = 25   4. 21 − 12 = 9   5. 3 + 13 = 16
6. 14 + 0 = 14

1.3 Present tense of *ser*

1 1. nosotros 2. yo 3. tú 4. él 5. ellos 6. nosotros
3 1. b 2. a 3. b 4. a 5. a 6. b
5 1. Se llama Roberto Salazar. 2. Se llama Adriana Morales. 3. Es de California./Es de los Estados Unidos.
4. Es de San Juan, Puerto Rico. 5. Roberto es estudiante. 6. Adriana es profesora.

1.4 Telling time

1 1. Cierto 2. Falso 3. Cierto 4. Falso 5. Falso 6. Cierto
3 1. 12:00 p. m. 2. 9:15 a. m. 3. 8:30 a. m. 4. 3:45 p. m. 5. 10:50 a. m. 6. 1:55 p. m.

contextos

1 1. Falso 2. Cierto 3. Cierto 4. Falso 5. Falso 6. Cierto

pronunciación

4 JUAN Buenos días. Soy Juan Ramón Montero. Aquí estamos en la Universidad de Sevilla con Rosa Santos. Rosa es estudiante de ciencias. Rosa, tomas muchas clases, ¿no? **ROSA** Sí, me gusta estudiar. JUAN ¿Te gusta la clase de biología? **ROSA** Sí, es muy interesante.

estructura

2.1 Present tense of -*ar* verbs

1 1. él/ella 2. ellos/ellas 3. tú 4. yo 5. nosotros/as 6. tú 7. ellos/ellas 8. nosotros/as

4 1. estudiamos 2. estudia 3. desea 4. tomo 5. cantar 6. bailar 7. canto 8. caminan 9. cantan

2.2 Forming questions in Spanish

1 1. a 2. b 3. a 4. a 5. a 6. b 7. a 8. b

3 1. Lógico 2. Ilógico 3. Ilógico 4. Lógico 5. Ilógico 6. Lógico

4 1. Está en Madrid/España. 2. Ofrecen español, historia de arte y literatura. 3. Practican el español día y noche. 4. Viajan a Toledo y Salamanca.

2.3 Present tense of *estar*

1 1. Falso 2. Falso 3. Cierto 4. Falso 5. Cierto 6. Cierto 7. Cierto 8. Falso

3 1. está 2. es 3. es 4. Somos 5. está 6. eres 7. están 8. Son

2.4 Numbers 31 and higher

1 1. 585-9115 2. 476-4460 3. 957-0233 4. 806-5991 5. 743-7250 6. 312-3374 7. 281-4067 8. 836-5581

2 1. 534 2. 389 3. 1.275 4. 791 5. 2.164.000 6. 956 7. 15.670 8. 142 9. 694

3 **Para:** Carmen **De parte de:** Antonio Sánchez **Teléfono:** 785-6259 **Mensaje:** Hay un problema con la computadora. Él está en la residencia.

Lab Manual

contextos

1 1. b 2. a 3. a 4. a 5. a 6. b 7. b 8. b
3 a. 4 b. 3 c. 1 d. 2

pronunciación

4 1. Carlos Crespo es mi medio hermano. 2. El padre de Carlos es Emilio Crespo. 3. Es italiano.
4. Mi padre es Arturo Molina. 5. Carlos estudia administración de empresas. 6. Yo estudio ciencias.
7. Diana es la novia de Carlos. 8. Somos compañeras y amigas.

estructura

3.1 Descriptive adjectives

4 1. bonita 2. simpática 3. inteligente 4. antipático 5. simpático 6. trabajador 7. alta 8. morena
9. vieja 10. buena
5 1. Falso 2. Falso 3. Cierto 4. Falso 5. Cierto 6. Cierto 7. Falso

3.2 Possessive adjectives

1 1. *our* 2. *his* 3. *my* 4. *their* 5. *your* (familiar) 6. *her* 7. *my* 8. *our*
2 1. a 2. a 3. b 4. b 5. b 6. a 7. a 8. b

3.3 Present tense of -*er* and -*ir* verbs

1 1. nosotros/as 2. él/ella 3. ellos/ellas 4. yo 5. tú 6. ellos/ellas
4 a. 2 b. 4 c. 1 d. 3

3.4 Present tense of *tener* and *venir*

4 1. b 2. b 3. a 4. a 5. b 6. a
5 1. Falso 2. Cierto 3. Falso 4. Cierto 5. Falso 6. Falso

Lab Manual

contextos

1 1. b 2. f 3. e 4. c 5. g 6. d

2 1. b 2. b 3. a 4. a

3 1. parque 2. centro 3. Ciudad 4. domingos 5. familias 6. deportes 7. baloncesto 8. ciclismo 9. pasean 10. museos 11. Monumento

pronunciación

4 1. México es un país muy grande. 2. Los mexicanos son simpáticos y trabajadores. 3. Muchos turistas visitan Acapulco y Cancún. 4. Cancún está en la península de Yucatán. 5. Yo practico los deportes acuáticos. 6. Me gusta nadar y bucear.

estructura

4.1 Present tense of *ir*

1 1. nosotros/as 2. él/ella 3. tú 4. ellos/ellas 5. yo 6. él/ella

4 1. Falso 2. Cierto 3. Cierto 4. Falso 5. Falso 6. Cierto

4.2 Stem-changing verbs: *e→ie, o→ue*

1 1. preferir 2. encontrar 3. pensar 4. dormir 5. perder 6. recordar 7. cerrar 8. empezar

3 1. Puedo ver el Ballet folclórico en el Palacio de Bellas Artes. 2. El concierto en Chapultepec empieza a la una de la tarde. 3. El Museo de Arte Moderno cierra a las seis de la tarde. 4. México y Guatemala juegan en la Copa Internacional de Fútbol el viernes. 5. El campeonato de baloncesto comienza a las siete y media de la tarde/noche.

4.3 Stem-changing verbs: *e→i*

1 1. piden 2. excursión 3. diversión 4. repiten 5. quieren 6. consiguen 7. estar 8. seguir

2 1. a 2. b 3. a 4. a 5. b 6. b 7. a 8. a

3 1. Paola quiere una revista de ciclismo. 2. Paola repite porque Miguel no entiende bien. 3. No, no puede hacer el favor. 4. Puede conseguir la revista en la tienda de deportes.

4.4 Verbs with irregular *yo* forms

1 1. b 2. a 3. b 4. b

3 1. la televisión 2. jugar al tenis 3. traen/van a traer 4. repite, oye (bien) 5. a las cuatro

Lab Manual

contextos

1 1. la cama 2. julio 3. la cama 4. enero 5. confirmar 6. la playa 7. el tren 8. verano
2 1. b 2. b 3. a
3 1. Falso 2. Cierto 3. Falso 4. Cierto 5. Cierto
4 1. b 2. b 3. a 4. b 5. a 6. b 7. a

pronunciación

4 1. Noventa turistas van en barco por el Caribe. 2. Visitan muchos lugares bonitos. 3. Los viajeros bailan, comen y beben. 4. Ellos vuelven de su viaje el viernes.

estructura

5.1 *Estar* with conditions and emotions
1 1. b 2. a 3. b 4. b
4 1. b 2. a 3. a 4. b

5.2 The present progressive
1 1. a 2. b 3. a 4. a 5. b 6. a

5.3 *Ser* and *estar*
1 1. está 2. Están 3. Es 4. Es 5. Está 6. Está
4 1. Ilógico 2. Lógico 3. Ilógico 4. Ilógico 5. Ilógico 6. Lógico
5 1. Ponce está en Puerto Rico. Está cerca del mar Caribe. 2. Está lloviendo. 3. El Parque de Bombas es un museo. 4. Hoy es martes. 5. No va al Parque de Bombas hoy porque está cerrado.

5.4 Direct object nouns and pronouns
1 1. b 2. a 3. a 4. b 5. a 6. b 7. a 8. b

Lab Manual

contextos

1 1. Lógico 2. Lógico 3. Ilógico 4. Lógico 5. Lógico 6. Ilógico 7. Ilógico 8. Lógico

2 1. a 2. b 3. b 4. a 5. a 6. a

4 1. Diana es la clienta. 2. No, no venden ropa para hombres en la tienda./No, sólo venden ropa para mujeres./ No, no venden ropa para hombres, venden ropa para mujeres. 3. Va a comprar una falda/un pantalón y una blusa/camiseta. 4. Puedes/Usted puede comprar guantes, pero no puedes/puede comprar calcetines (en la tienda).

pronunciación

4 1. Teresa y David toman el autobús al centro comercial. 2. Teresa desea comprar una chaqueta y un cinturón rosado. 3. David necesita una corbata verde y unos pantalones cortos. 4. Van a una tienda de ropa donde encuentran todo.

estructura

6.1 *Saber* and *conocer*

1 1. Conozco 2. Saben 3. Conocemos 4. Conozco 5. Sabes 6. Sabes

4 1. Falso 2. Cierto 3. Falso 4. Cierto 5. Cierto 6. Cierto

5 1. b 2. a 3. a 4. b

6.2 Indirect object pronouns

1 1. b 2. a 3. a 4. b 5. a 6. b

4 1. Gustavo es el novio de Norma. 2. Está comprándole/Le está comprando una falda a Norma. 3. Le pregunta/preguntó qué talla usa Norma./Le pregunta/preguntó la talla de Norma. 4. Le presta/prestó dinero porque la falda es cara. 5. Va a regalarle/Le va a regalar la falda esa/esta noche.

6.3 Preterite tense of regular verbs

1 1. *Preterite* 2. *Present* 3. *Preterite* 4. *Present* 5. *Present* 6. *Preterite* 7. *Preterite* 8. *Preterite*

4 **Tareas completadas:** Compró el pasaje de avión. Encontró su pasaporte. Preparó la maleta. Decidió no llevar la mochila. **Tareas que necesita hacer:** Necesita confirmar la reservación para el hotel con la agente de viajes. Necesita leer el/su libro sobre Cuba.

6.4 Demonstrative adjectives and pronouns

1 1. *this* 2. *that* 3. *these* 4. *that*

5 1. Falso 2. Falso 3. Cierto 4. Cierto

Lab Manual

contextos

1 1. b 2. b 3. a 4. a
3 1. Falso 2. Falso 3. Cierto 4. Cierto

pronunciación

4 1. Ramiro y Roberta Torres son peruanos. 2. Ramiro es pelirrojo, gordo y muy trabajador. 3. Hoy él quiere jugar al golf y descansar, pero Roberta prefiere ir de compras. 4. Hay grandes rebajas y ella necesita un regalo para Ramiro. 5. ¿Debe comprarle una cartera marrón o un suéter rojo? 6. Por la tarde, Ramiro abre su regalo. 7. Es ropa interior.

estructura

7.1 Reflexive verbs

1 1. a 2. b 3. a 4. b
3 1. b 2. a 3. b

7.2 Indefinite and negative words

1 1. Ilógico 2. Lógico 3. Lógico 4. Ilógico 5. Lógico 6. Ilógico 7. Lógico 8. Lógico
2 1. sino 2. pero 3. sino 4. sino 5. pero 6. sino 7. pero 8. pero
5 1. Cierto 2. Cierto 3. Falso 4. Cierto 5. Cierto

7.3 Preterite of *ser* and *ir*

1 1. ir 2. ser 3. ir 4. ir 5. ir 6. ser 7. ser 8. ir
4 1. Carlos fue al estadio. 2. El partido fue estupendo porque su equipo favorito ganó. 3. Katarina y Esteban fueron al cine. 4. Esteban se durmió durante la película.

7.4 Verbs like *gustar*

1 1. a 2. a 3. a 4. a 5. b 6. b
4 **Le gusta:** nadar/la natación, ir de excursión al campo, el cine **No le gusta:** el tenis, el sol, ir de compras **Pregunta:** Los chicos van a quedarse/se van a quedar en casa esta tarde.

contextos

1 1. pescado 2. bebida 3. verdura 4. pescado 5. carne 6. fruta 7. carne 8. bebida

2 a. 4 b. 6 c. 9 d. 1 e. 7 f. 3 g. 10 h. 2 i. 8 j. 5

3 SEÑORA **Primer plato:** ensalada de lechuga y tomate **Plato principal:** hamburguesa con queso y papas fritas **Bebida:** agua mineral SEÑOR **Primer plato:** sopa de verduras **Plato principal:** pollo asado con arvejas y zanahorias **Bebida:** agua mineral

pronunciación

4 1. Catalina compró mantequilla, chuletas de cerdo, refrescos y melocotones en el mercado. 2. Ese señor español quiere almorzar en un restaurante francés. 3. El mozo le recomendó los camarones con arroz. 4. En mi casa empezamos la comida con una sopa. 5. Guillermo llevó a Alicia al Café Azul anoche.

estructura

8.1 Preterite of stem-changing verbs

1 1. *Present* 2. *Present* 3. *Preterite* 4. *Present* 5. *Present* 6. *Preterite* 7. *Preterite* 8. *Preterite*

4 1. Falso 2. Cierto 3. Falso 4. Falso 5. Cierto 6. Cierto

8.2 Double object pronouns

1 1. b 2. a 3. a 4. b 5. b 6. a

4 1. Cierto 2. Falso 3. Cierto 4. Falso 5. Falso 6. Falso

8.3 Comparisons

1 1. b 2. a 3. b 4. a 5. b

8.4 Superlatives

1 1. b 2. a 3. b 4. a 5. a

3 1. Cierto 2. Falso 3. Cierto 4. Cierto 5. Falso

Lab Manual

contextos

1 1. Ilógico 2. Lógico 3. Lógico 4. Ilógico 5. Ilógico 6. Lógico 7. Lógico 8. Ilógico

2 1. c 2. b 3. a 4. c

3 1. La fiesta es para Martín, su hijo. 2. La fiesta es el viernes a las ocho y media. 3. Porque él/Martín/su hijo se gradúa. 4. La familia y los amigos (de la universidad) de Martín van a la fiesta. 5. Los invitados van a cenar, a bailar y a comer pastel.

pronunciación

4 Mirta, sabes que el domingo es el aniversario de bodas de Héctor y Ángela, ¿no? Sus hijos quieren hacerles una fiesta grande e invitar a todos sus amigos. Pero a Ángela y a Héctor no les gusta la idea. Ellos quieren salir juntos a algún restaurante y después relajarse en casa.

estructura

9.1 Irregular preterites

1 1. a 2. b 3. a 4. a 5. b 6. a 7. b 8. a

4 1. Supe 2. vinieron 3. dijo 4. condujeron 5. quedaron 6. hice 7. contestaron 8. pude 9. llamaron 10. preguntaron 11. dije

9.2 Verbs that change meaning in the preterite

1 1. nosotros/as 2. él/ella 3. yo 4. tú 5. ellos/ellas 6. yo 7. ellos/ellas 8. él/ella

3 1. Falso 2. Falso 3. Cierto 4. Cierto 5. Falso

4 1. (No pudo salir con Pedro) Porque pasó toda la noche estudiando. 2. Supo que Pedro salió/fue al cine con Mónica esa noche. 3. Se puso muy enojada./Se enojó mucho. 4. Le dijo que supo que el domingo él salió con Mónica.

9.3 *¿Qué?* and *¿cuál?*

1 1. Ilógico 2. Lógico 3. Ilógico 4. Lógico 5. Ilógico 6. Ilógico 7. Lógico 8. Lógico

4 1. a 2. c 3. c 4. a 5. b

9.4 Pronouns after prepositions

3 1. Necesitan comprar jamón, pan, salchicha y queso. 2. Alfredo quiere ir a la fiesta con Sara. 3. Ella no quiere ir con él porque está muy enojada. 4. Sara va con Andrés. 5. Quieren comprar algo especial para Alfredo.

contextos

1 **Lugares:** la sala de emergencia, la farmacia, el consultorio **Medicinas:** la aspirina, la pastilla, el antibiótico **Condiciones y síntomas médicos:** la tos, el resfriado, la gripe, la fiebre

2 1. b 2. b 3. a 4. b

pronunciación

4 1. Esta mañana Cristina se despertó enferma. 2. Le duele todo el cuerpo y no puede levantarse de la cama. 3. Cree que es la gripe y va a tener que llamar a la clínica de la universidad. 4. Cristina no quiere perder otro día de clase, pero no puede ir porque está muy mareada. 5. Su compañera de cuarto va a escribirle un mensaje electrónico a la profesora Crespo porque hoy tienen un examen en su clase.

estructura

10.1 The imperfect tense

1 1. c 2. b 3. c 4. a 5. b 6. c 7. b 8. c 9. a 10. b

4 1. Sufría 2. estornudaba 3. Pensaba 4. tenía 5. sentía 6. iba 7. molestaba 8. decían 9. tenía 10. era 11. había 12. sentía 13. sabía

10.2 The preterite and the imperfect

1 1. (P) tomó, (I) estaba 2. (P) lastimé, (I) jugaba 3. (I) tenía, (I) estudiaba 4. (I) estábamos, (P) llegó 5. (P) dolió, (P) sacó 6. (P) fui, (P) recetó 7. (I) dolían, (I) era 8. (P) llevó, (I) dolía

3 1. Falso 2. Falso 3. Cierto 4. Falso 5. Falso 6. Cierto

10.3 Constructions with *se*

1 1. b 2. a 3. a 4. b 5. a 6. a

3 **Under the sign with the arrow:** (3.) Se sale por la derecha. **Under the sign with the skeletal hand:** (4.) ¡No se puede hacer radiografías a mujeres embarazadas! Favor de informar a la enfermera si piensa que está embarazada. **Under the Agencia Real sign:** (1.) Se venden casas y apartamentos. Precios razonables. **Under the no smoking sign:** (2.) ¡Nos preocupamos por su salud! Se prohíbe fumar en el hospital.

10.4 Adverbs

1 1. c 2. a 3. b 4. a 5. c 6. b

4 1. b 2. c 3. a 4. b

Lab Manual

contextos

1 1. la velocidad 2. funcionar 3. el sitio web 4. el ratón 5. el cibercafé, el reproductor de MP3
6. el archivo, la llanta

2 1. Ilógico 2. Lógico 3. Ilógico 4. Lógico 5. Lógico 6. Ilógico

3 1. a 2. b 3. a 4. a

pronunciación

4 El sábado pasado Azucena iba a salir con Francisco. Se subió al carro e intentó arrancarlo, pero no
funcionaba. El carro tenía gasolina y, como revisaba el aceite con frecuencia, sabía que tampoco era eso.
Decidió tomar un autobús cerca de su casa. Se subió al autobús y comenzó a relajarse. Debido a la
circulación llegó tarde, pero se alegró de ver que Francisco estaba esperándola.

estructura

11.1 Familiar commands

1 1. No 2. No 3. Sí 4. Sí 5. Sí 6. No 7. No 8. Sí 9. No 10. Sí

4 1. Usa el transporte público. 2. Compra un carro más pequeño. 3. Habla menos por teléfono.
4. Cancela la televisión por cable. 5. Vende tu teléfono celular. 6. Apaga las luces, la televisión
y la computadora.

11.2 *Por* and *para*

1 1. para 2. para 3. por 4. por 5. por 6. por 7. para 8. por

3 1. a 2. a 3. a 4. b

11.3 Reciprocal reflexives

1 1. a 2. b 3. a 4. a 5. b 6. a 7. a 8. b

3 1. a 2. c 3. b 4. b 5. b 6. a 7. a 8. c

11.4 Stressed possessive adjectives and pronouns

1 1. *mine* 2. *yours* 3. *his* 4. *theirs* 5. *ours* 6. *mine* 7. *yours* 8. *hers*

3 1. Falso 2. Falso 3. Cierto 4. Falso 5. Falso 6. Cierto

contextos

1 a. 3 b. 7 c. 2 d. 8 e. 6 f. 1 g. 4 h. 5

2 1. el armario 2. el tenedor 3. el cartel 4. la pared 5. el alquiler 6. el cubierto 7. la servilleta
8. la vivienda

4 1. Falso 2. Cierto 3. Falso 4. Falso 5. Cierto 6. Falso

pronunciación

4 1. Doña Ximena vive en un edificio de apartamentos en el extremo de la Ciudad de México. 2. Su
apartamento está en el sexto piso. 3. Ella es extranjera. 4. Viene de Extremadura, España. 5. A doña
Ximena le gusta ir de excursión y le fascina explorar lugares nuevos.

estructura

12.1 Relative pronouns

1 1. que 2. quien 3. que 4. lo que 5. quien 6. que 7. Lo que 8. que 9. quien 10. lo que

2 1. b 2. a 3. a 4. b 5. a 6. b

4 **Pistas:** 1. estaba roto 2. estaba sucia (en el lavaplatos) 3. tenía dos pelos (pelirrojos) **Pregunta:** La tía
Matilde se llevó las cucharas de la abuela porque necesitaba dinero.

12.2 Formal (*usted/ustedes*) commands

1 1. No 2. Sí 3. Sí 4. No 5. Sí 6. Sí 7. No 8. No 9. No 10. Sí

5 a. 2 b. *blank* c. 5 d. *blank* e. 1 f. 3 g. 4

12.3 The present subjunctive

1 1. tomemos 2. conduzcan 3. aprenda 4. arregles 5. se acuesten 6. sepas 7. almorcemos 8. se mude

4 1. c 2. b 3. a

12.4 Subjunctive with verbs of will and influence

1 1. Sí 2. No 3. Sí 4. No 5. No 6. Sí

4 1. El señor Barriga quiere que los chicos le paguen el alquiler (hoy mismo). 2. (El chico) Le pide que les
dé más tiempo. 3. Les sugiere que les pidan dinero a sus padres y que Juan Carlos encuentre otro trabajo
pronto. 4. Los chicos tienen/van a tener que mudarse. 5. Al final, el señor Barriga insiste en que le paguen
el alquiler mañana por la mañana.

Lab Manual

contextos

1 1. Lógico 2. Ilógico 3. Lógico 4. Ilógico 5. Lógico 6. Lógico

2 a. 4 b. 1 c. 5 d. 3 e. 6 f. 2

4 1. ecoturismo 2. selva 3. naturaleza 4. descubra 5. bosque tropical 6. plantas 7. pájaros 8. río 9. cielo 10. estrellas

pronunciación

4 1. Sonia Valenzuela es de Barranquilla, Colombia. 2. A ella le importa mucho la ecología. 3. Todos los años ella viaja miles de millas para pedirle a la gente que no destruya la selva. 4. No importa que llueva o haya sol, Sonia lleva su mensaje. 5. Le dice a la gente que la tierra es suya y que todos deben protegerla para controlar la deforestación.

estructura

13.1 The subjunctive with verbs of emotion

1 1. a 2. b 3. b 4. a 5. a 6. b

4 1. Falso 2. Falso 3. Falso 4. Cierto 5. Cierto 6. Falso

13.2 The subjunctive with doubt, disbelief, and denial

1 1. *subjunctive* 2. *subjunctive* 3. *indicative* 4. *indicative* 5. *subjunctive* 6. *subjunctive* 7. *indicative*

3 1. b 2. a 3. b 4. a 5. b 6. c 7. a 8. c

13.3 The subjunctive with conjunctions

1 1. Lógico 2. Ilógico 3. Lógico 4. Ilógico 5. Ilógico 6. Lógico

2 a. 2 b. 1 c. 4 d. 3

3 1. *habitual action* 2. *future action* 3. *past action* 4. *future action* 5. *habitual action* 6. *habitual action/past action*

13.4 Past participles used as adjectives

1 1. hecho 2. puesta 3. rotos 4. lavada 5. perdido 6. hecha 7. sorprendida 8. prohibidos

3 1. Falso 2. Falso 3. Falso 4. Falso 5. Falso 6. Falso

contextos

1 1. Lógico 2. Lógico 3. Ilógico 4. Lógico 5. Ilógico 6. Lógico 7. Lógico 8. Ilógico

2 1. Lavandería Rosa 2. Peluquería Violeta 3. Oficina de Correos 4. Banco Nacional 5. Joyería Andes 6. Librería Gallegos 7. Pastelería Simón 8. Zapatería Valencia

4 1. Buscan el correo. 2. Un cartero les indica cómo llegar. 3. Deben doblar a la derecha. 4. Está a tres cuadras del semáforo.

pronunciación

4 Bienvenidos a Venezuela. En un momento vamos a tomar el moderno metro a un centro comercial en Sabana Grande. Mañana, vamos a conocer muchos monumentos magníficos y el lugar de nacimiento de Simón Bolívar. El martes, viajamos a Mérida, una ciudad muy hermosa en las montañas. El miércoles, navegamos en el mar cuarenta millas a la maravillosa isla Margarita.

estructura

14.1 The subjunctive in adjective clauses

1 1. No 2. No 3. Sí 4. No 5. Sí 6. No

2 1. tenga 2. venda 3. vende 4. hagan

4 1. Claudia Morales 2. Alicia Duque 3. Rosalinda Guerrero 4. Gustavo Carrasquillo

14.2 Nosotros/as commands

1 1. Sí 2. No 3. Sí 4. Sí 5. No 6. No

4 1. Falso 2. Cierto 3. Falso 4. Cierto 5. Falso 6. Falso

14.3 The future

1 1. ustedes 2. ella 3. yo 4. tú 5. nosotros 6. yo 7. ella 8. nosotros

3 1. Falso 2. Falso 3. Cierto 4. Cierto

contextos

1 1. la droga 2. descafeinado 3. engordar 4. apurarse 5. la grasa 6. disfrutar

2 1. Cierto 2. Falso 3. Cierto 4. Cierto

3 **lunes:** 6:00 clase de ejercicios aeróbicos **martes:** correr con Sandra y Fernando **miércoles:** 6:00 clase de ejercicios aeróbicos **jueves:** correr con Sandra y Fernando **viernes:** 7:00 hacer gimnasia con el entrenador **sábado:** 6:00 clase de ejercicios aeróbicos **domingo:** correr con Fernando y Sandra

pronunciación

4 1. Anoche, Pancho y yo fuimos a ver una película. 2. Cuando volvíamos, chocamos con el coche de una señora de ochenta años. 3. Enseguida llegó la policía al lugar. 4. La señora estaba bien pero, por su edad, nos apuramos y llamamos a una ambulancia para ella. 5. Pancho sólo se lastimó la pierna y a mí me dolía la cabeza. 6. En la sala de emergencia en el hospital, nos dijeron que no teníamos ningún problema. 7. Por suerte, todo salió bien. 8. Bueno, Pancho se quedó sin coche por unos días, pero eso no es tan importante.

estructura

15.1 The conditional

1 1. conditional 2. future 3. future 4. imperfect 5. conditional 6. future 7. imperfect 8. conditional 9. imperfect 10. conditional

4 1. Falso 2. Cierto 3. Falso 4. Cierto 5. Cierto 6. Falso

15.2 The present perfect

1 1. nosotros 2. él/ella 3. yo 4. tú 5. ellos/ellas 6. él/ella

4 1. b 2. a 3. a 4. c

15.3 The past perfect

1 1. Ilógico 2. Ilógico 3. Lógico 4. Lógico 5. Ilógico 6. Lógico

4 1. había 2. visto 3. habías 4. sido 5. Había 6. aumentado 7. había 8. dicho 9. he 10. empezado 11. He 12. ido 13. habíamos 14. ido **Preguntas:** 15. Es extraño porque (Rubén) siempre había sido (tan) sedentario. 16. El médico le había dicho (a Rubén) que tenía que mantenerse en forma. 17. Jorge no va al gimnasio con Carmen porque compró su propio carro./Jorge no va al gimnasio con Carmen porque ha comprado su propio carro.

Lab Manual